JN440253

동두천 안개 오고

동두천 안개 오고

초판 1쇄 인쇄일 2013년 9월 7일
초판 1쇄 발행일 2013년 9월 9일

지은이 서전 황금라
그　림 서길원
펴낸이 양옥매
편집디자인 신해니
표지디자인 오현숙

펴낸곳 도서출판 책과나무
출판등록 제2012-000376
주소 서울특별시 마포구 월드컵북로 44길 37 천지빌딩 3층
대표전화 02.372.1537　**팩스** 02.372.1538
이메일 booknamu2007@naver.com
홈페이지 www.booknamu.com

ISBN 978-89-98528-61-4(03800)

이 도서의 국립중앙도서관 출판시도서목록(CIP)은 서지정보유통지원시스템 홈페이지(http://seoji.nl.go.kr)와 국가자료공동목록시스템(http://www.nl.go.kr/kolisnet)에서 이용하실 수 있습니다.(CIP 제어번호: CIP2013016841)」

동두천 안개 오노

서전 황금라 지음
서길원 그림

책과나무

작가의 말

원하든 원치 않든 살다 보면 많은 일들을 겪으며 사는 것이 세상살이인가 보다 하는 생각이 가끔씩 들 때가 있다.

시대적이랄까,

요즘은 무엇이든 쉽게 변하고 빠르다.

꿈이란 것, 마음에 담아둔 것들,

마음 한 구석에 희망이라는 것이 있고 옳고 그름을 분별할 줄 아는

식견쯤은 갖고 있기 때문에 우리 모두는 자신의 것들을

지키려는 노력을 아끼지 않는지도 모른다.

문학이라는 거대한 이름 앞에서 나는 늘 서성거리며 두려워한다.

어떻게 써야 하나.

어떻게 다가서야 하나.

어느 작가는 엄청 잘 쓰던데, 어느 작가는 무지 잘 나가던데,

그것은 문학이 가져다 준 내 꿈의 일부며 좌절감이었는지도 모른다.

지금은 글을 쓴다. 그냥 이야기를 쓸 뿐이다.

어릴 적, 한여름

밤에 동네 아주머니들 밤마실 틈에. 어머니 무릎을 베개 삼아 귀동냥

하며 듣던 온갖 이야기들, 방에 들어가 자라고 타박 맞아도 밤하늘의 별을 그림 삼아 듣던 그 이야기들이 왜 그리 재미있었던지.

"안-녕. 오노"를 쓰는 동안 건강이 좋지 않아 사실상 게으름을 많이 부린 셈이다. 오노를 가슴에 키우며 탄생시키려 했던 것 역시 나의 꿈이었다.

자- 이제 꿈에서 깨어났다. 오-노에게 가만히 속삭여 본다.

오-노. 모두에게 사랑받기를……

2013년 8월 서전 황금라.

목차

오노…… 오노……

사람들이 날 그렇게 불렀어. 오__노. 그게 내 이름이었어.

어렸을 땐 말이지. 잘 몰랐거든. 그냥 누군가 오__노 하고 날 부르면

난 큰 소리로 대답했었지.

오-노

네-에.

오-노

네-에-에.

그래. 그랬어. 내 이름이었던 거야.

난 오노야. 그런데 말이지. 학교 다니면서부터 난 내 이름이 싫어졌어.

아이들이 놀려대기 시작하는 거야.

오노 오노 오우 노우 오우 노우 난 싫어 싫어 사탕도 싫어. 과자도 싫어.

이렇게 말이지. 멋대로 음을 붙이고 마치 합창하듯 했어. 게다가 오리 궁뎅이처럼 뒤뚱거리며 몸을 흔들어대기까지 하는 거야. 정말 유치한 일이었어

그래서 난 내 이름이 싫었어.

그래도 난 오노래. 오……노.

낯선 엄마

미랑의 손은 따뜻했다. 야위고 뼈마디가 잡힐 듯한 홀쭉한 손이었지만, 오노의 손을 놓치지 않는 드세고 강인한 손이었다.

그 손끝에 퍼져 있는 섬세함으로 미랑은 하루 종일 그림을 그려야 했다.

관세음보살…… 미랑이 그려내는 인자하고 자비로운 눈빛의 관음보살 덕에 오노는 미랑과 함께 살 수 있는 거라고, 그러니까 미랑이 그림을 그릴 때 절대 귀찮게 하면 안 된다고 할머니는 귀띔해 주었었다.

"미랑 이모. 또 은덕암 가는 거야?"

"왜…… 가기 싫니?"

"아니…… 엄마 있잖아. 할머니도."

미랑이 입에 넣어 준 하얀 박하사탕을 우물거리며 오노는 눈앞에 쭈-욱 펼쳐진 오솔길을 손가락질하며 기억력 테스트라도 하듯 중얼거렸다.

"저기, 저 길 끝에 개울 있잖아. 개울 건너면 돌계단 있고 음…… 단풍나무 있고, 다람쥐도 있고, 꽃도 있어."

“그래, 들국화가 많지. 노오란 게 들국화야. 차를 끓이면 향이 좋고 머리도 맑아진대.”

“그럼, 저 꽃은 이름이 뭐야?”

“구절초래. 곱기도 하지.”

“꺾으면 안 돼?”

“왜…… 엄마 주려고? 하지만 오노, 꽃을 꺾으면 다른 사람들이 못 보잖아.”

“이렇게 많잖아?”

“꽃이 아프다고 할 텐데?”

“피, 거짓말. 꽃은 말도 못 하는 걸.”

다소 심통 어린 듯한 말투에 미랑은 웃었다.

입안 가득히 고여 있던 사탕물 때문인지 침을 꿀컥 삼키던 오노는 꽃을 꺾지 못한 것이 못내, 아쉬웠던지 듬성듬성 무리진 꽃무리들에게서 눈길을 거두지 못하였다.

“이모도 똑같애.”

“뭐가?”

“뭐든 안 된다고 하는 게 더 많잖아. 할머니도 선생님도.”

“화났어?”

“아니, 그냥.”

오노는 시무룩한 얼굴로 생글거리며 웃고 있는 것만 같은 꽃들을 손으로 슬쩍슬쩍 건드려 보았다. 뜨거운 가을 햇볕에 익었을 것만 같던 보드라운 꽃잎은 알싸한 향기를 퍼뜨리며 코끝을 스쳤다.

오노의 그런 마음을 아는지 모르는지 미랑은 오노의 손을 꼭 잡은 채 구불구불 비탈진 산길에 마치 모자이크처럼 깔아 놓은 돌계단을 사뿐히 밟기 시작했다.

하나.. 둘.. 셋.. 열둘.. 열셋……

계단을 오를 때마다 큰 소리로 셈하듯 세다가 잊어먹기 일쑤이던 오노는 엄마는 왜? 이렇게 높은 곳에 살고 있는지 왜? 자신을 모른 척하며 반겨 주지 않는지 자신은 왜? 미랑과 함께 살고 있는지 궁금했지만 굳이 물어보지는 않았다.

언제부터인가 미랑의 손에 이끌려 가끔 찾아보는 엄마는 오노의 기억에 아무것도 심어 주지 못했다. 미랑이 가르쳐 주던 몇 마디가 전부였다.

"엄마야. 오노……"

"엄마는 아주 많이 아파. 그래서 오노를 못 알아봐."

"그래도 오노는 엄마를 좋아 해야 돼. 왜냐면 엄마는 오노를 사랑해서 낳았거든……"

미랑이 당부하듯 말할 때마다 오노는 대답 대신 고개만 끄덕였을 뿐이었다.

아직은 엄마에 대해서 무엇을 물어야 할지 잘 모르기 때문이었다.

무슨 병을 앓고 있는지 몰라도 엄마는 늘 아프다고 했다. 아무런 말도 할 줄 몰랐고, 오노를 봐도 못 본 척했다. 오노는 그런 엄마가 무섭기만 했다. 사실은 엄마보다 할머니와 은덕 스님이 더 좋았다.

돌계단이 끝나는 곳에 정갈하고도 아늑해 보이는 작은 암자가 그림처럼 앉아 있었다. 뜨락에는 가을꽃들이 만발해 있었고 작은 샘도 있었다.

절에 도착하면 샘가로 달려가 자신만의 비밀을 하나하나 살펴보는 일은 오노에겐 아주 중요한 일이었다.

샘가에 올망졸망 쌓아 놓은 작은 돌무덤 사이사이 누군가들이 수없는 바람을 놓고 갔음을 증명하듯 아주 작은 아기 불상들이 갖가지 모습으로 서 있거나 앉아 있었다. 바위틈으로 물이 졸졸 흘러내리는 샘가는 오노의 놀이터였다. 오노는 손가락만 한 아기 불상들을 들여다보며 일일이 인사했다. 책상을 놓고 있는 아기 불상의 이름은 마음이라고 지어 주었다.

합장을 하고 있는 아기 불상의 이름은 도통이, 여러 가지 운동을 하는 모습의 아기 불상들에게도 이름을 지어 준 것은 오노만의 비밀이었다. 자신만의 비밀에 대하여 오노는 즐거워하며 만족했다. 은덕 스님은 오노의 비밀을 알고 있었지만 모르는 척하며 오노를 위해 돛이 달린 장난감 배를 물 위에 놓아 주었다. 가끔, 새끼 청개구리가 풀쩍거리며 배를 건드리고는 제 풀에 놀라 도망 갈 때도 있었지만, 그럴 때에도 배는 기우뚱거리며 살짝 움직일 뿐이었다.

마침, 법당에서 무엇인가 들고 나오던 은덕 스님은 합장을 하며 오노와 미랑을 반겼다. 조용히 답례하는 미랑을 따라 오노는 얼떨결에 두 손을 마주하며 고개를 꾸벅 숙였다.

"올라오시느라 힘드셨지요?"

티 하나 없는 맑은 얼굴의 은덕 스님은 차분하면서도 조용한 목소리로 속삭이듯 말했다.

"오노, 어디 보자. 의젓해졌구나. 오늘은 계단이 몇 개인지 알았니?"

오노는 부끄러워 얼굴이 빨개졌다.

"저런, 얼굴이 빨개진 걸 보니 또 잊어버렸구나."

미랑과 은덕 스님의 웃음소리를 들으며 오노는 마음속으로 다짐했다.

"다음엔 꼭 세고 말 거야……"

마당의 인기척에 공양 칸에 있던 화순네는 빼꼼히 내다보다 반가운 얼굴로 다가와 오노를 냉큼 안았다.

"워메, 누군가 했더니 우리 손이당가. 어여 어디 보자. 할미 보고 싶어 왔제?"

화순네의 하는 양을 바라보다 은덕 스님은 미랑의 얼굴을 살피며 말했다.

"얼굴이 안 되신 것 같네. 어디 아프신 데라도?"

"아프긴요. 가을이라 그런가 봐요. 아님 늙느라고 그러는지……"

말 꼬리를 흐리는 미랑을 측은히 바라보며 은덕 스님은 고개를 끄덕였지만 마음은 착잡해졌다.

"세상사는 것 별것 아니라고 하지만 참 별것이지요. 살고 보면 아무것도 아닌데……"

미수는 온통 방을 어질러 놓고 있었다. 빠알간 동백이 단아하게 그려진 커다란 부채가 펼쳐진 채 아무렇게나 구겨 놓은 하얀 치마와 함께 방 한 켠을 차지하고 있었고, 여기저기 널브러진 색조 화장품들이 마치 주인처럼 버티고 있었다.

"워매. 이 화상. 얌전히 있다 하필 오늘 웬 일이다냐. 에고.. 에고 쯧쯧."

급한 손길로 물건들을 주섬주섬 챙기던 화순네는 미수의 얼굴을 들여다보며 혀를 끌끌 찼다.

"이게 다 뭐라냐. 쥐 잡아 먹었당께. 참말로…… 미수야 정신 좀 차리라 야야 .니 아들 보기 부끄럽지 않다냐."

미랑은 어느새 물을 떠 와 미수의 손이며 얼굴을 조심스럽게 닦아 주었다. 오노는 문밖에서 금방 일어난 작은 소동을 지켜보며 왠지 모를 슬픔 같은 것을 느꼈다.

미랑이 하는 대로 고분고분 말 잘 듣는 아기 같은 엄마는 오노에게 눈길 한 번 제대로 주지 않았다. 색조로 아무렇게나 얼룩진 얼굴을 닦아 주며 머리를 빗겨 주는 미랑만을 응시하며 빙긋빙긋 웃을 뿐이었다. 그렇게 웃는 엄마를 바라보며 오노는 꺾어 오지 못한 연보랏빛 구절초를 떠올렸다. 다음엔 꼭 이만큼 꺾어 엄마에게 주리라고, 그러면 엄마는 아는 척 할지도 모른다고, 미랑이 아무리 말려도 꼭 엄마에게 갖다 주리라고 굳게 다짐했다.

저녁 공양 시간에 화순네는 오노의 수저에 잘 버무린 나물을 얹어 주며 연신 흐뭇해했다.

"이런 걸 묵어야 키도 잘 크고 남자답게 힘도 세진당께. 그쟈. 오노, 맛있제?"

오노는 우물거리며 고개를 끄덕였다. 입안에 향긋한 나물 냄새가 고소함을 더해 주었다.

"미랑아. 니도 많이 묵어야제. 뭐 땀시 점점 야위기만 하는 것 같다냐."

애써, 측은한 빛을 감추던 화순네의 눈가에 반짝 물빛이 스쳤다. 미랑은, 수저를 뜨다 말고 화순네의 손을 잡았다. 버석함이 느껴질 정도로 메마른 손, 손등을 슬며시 쓰다듬다 생각난 듯 가방에서 무엇인가 끄집어냈다.

"엄마, 이거 손에 발라. 산물이라. 손이 거칠기만 해."

"아따, 이게 뭐라냐. 니나 쓰지. 다 늙은 손 어따 보일 데 있다고…… 지도 쪼달릴 텐데……"

말은 그렇게 하면서도 핸드크림 뚜껑을 열어 냄새를 맡아 보며 연신 좋아하는 화순네를 물끄러미 바라보던 미랑은 오노의 머리를 한 번 쓰다듬어 주고 밖으로 나갔다. 오노는 할머니의 좋아하는 모습이 지연이를 닮았다고 생각했다. 앞 동에 사는 지연이는 긴 머리를 바짝 묶어 이마를 가릴 만큼 앞머리를 싹둑 잘라 버렸다. 그리고 오노에게 물었다.

"괜찮니…… 어울리니?"

"응."

물방울무늬가 찍힌 커다란 방울이 달린 끈으로 찰랑한 긴 머리를 바싹 올려 묶는가 하면, 잎새 같은 모양에 스팽글이 가득 붙은 머리띠를 하곤 했다. 그러고는 꼭 오노에게 물어보았다.

"어울리니?"

"응."

오노가 "응" 할 때마다 지연이는 활짝 웃어 보이며 좋아했다.

"오노, 넌 말이야. 속눈썹이 길어서 참 좋겠어. 얼굴도 하얗고 눈도 크고 내가 너였으면 좋겠어."

"하지만 애들은 날 놀리잖아."

"그건 말이지. 니가 남자인데 너무 이쁘게 생겨서 그럴 거야."

"정말.. 그럴까. 내가 싫어서 그런 게 아니구?"

"걱정하지 마. 내가 친구 해 줄게."

지연이의 씩씩한 얼굴이 생각나자, 오노는 저도 모르게 피식 웃고 말았다.

"오노야…… 밥 묵다 말고 와 웃는당가 ? 할미 얼굴에 뭐 묻었디야?"

눈을 가늘게 치켜뜬 채로 핸드크림 사용법을 들여다보던 화순네는 오노의 웃음소리에 그제서야 로션 병을 손에서 내려놓았다.

"아니…… 그냥……"

머쓱해진 오노는 "잘 먹었습니다." 하고 도망치듯 방에서 빠져 나왔다. 화순네가 무어라고 일렀지만 자신의 생각을 들여다본 것 같아 부끄러움에 잘 듣질 못했다.

해가 넘어가는 산봉우리는 아름다웠다. 햇물이 반짝거리며 맞은편 산을 저녁 햇빛 속으로 끌어들이며 복숭앗빛 노을을 펼쳐내고 있었다. 노을이 잔뜩 깔린 하늘은 출렁거리는 바다 같았다. 건너편 산은 관광지로 지정된 유명세만큼이나 수려한 산세를 자랑하며 많은 사람들이 북새통을 이루었지만, 은덕암이 머물고 있는 마차산은 조용하면서도 위엄 있는, 잘 알려지지 않은 아름다운 산이었다.

산기슭의 오두막집 같은 절, 먼 옛날 나무꾼과 선녀가 숨어 살았을 것만 같은 동화 속의 오두막집 같은 절 마당에, 잔뜩 깔린 토끼풀꽃들은 귀여운 얼굴로 살랑거렸다. 한껏, 늘어진 감나무와 모과나무에는 단물이 다 들지 못한 묵직한 열매들이 바람이 스칠 때마다, 툭툭 소리를 내며 무거움을 털어 내고 있었다. 법당 문을 열어 보니 미랑의 모습이 희미한 촛불에 아른거렸다.

미랑이 무엇을 빌고 있는지 오노로서는 알 수 없었지만 그런 모습을 볼 때마다, 어린 마음에도 미랑의 소원을 부처님이 들어주었으면 하는 생각이 들었다. 긴 머리를 끈으로 느슨하게 동여매고 립스틱조차 잘 바르지 않는 미랑의 모습이 알갱이가 작은 노오란 들국화 같다고, 바람이 무서운 들녘에 잔뜩 깔린 노오란 꽃송이 같다고 생각했다. 오노는 불상을 향해 큰 소리로 말하고 싶었다. "부처님. 우리 이모 소원 좀 들어 주세요."라고.

은덕 스님은 어디선가 주워 왔는지 산 대추와 밤이 섞인 바구니를 내려놓으며 화순네에게 당부했다.

"오노. 갈 때 싸 주세요. 영글었는지 제법 떨어져 있네요. 산 대추는 약 된다잖아요."

"스님. 어디 가셨나 했드만 그새 개울가 댕겨 오셨네. 다람쥐랑 잘 있당가요?"

"오늘 화순 할머니 기분 좋으신가 봐요. 다람쥐 안부까지 챙기시고……"

"아따, 저번에 밤톨들을 나무이파리로 가려 놓은 걸 뒷생각도 없이 갖고 와 내 스님한테 말 듣긴 했지만 미안해 혼났당께요. 곤석들이 애써 이바지해 놓은 걸 하하.. 참말로 겁나게 찾았을랑가요? 도로 제자리에 갖다 놓긴 했지만 근디, 스님 참 신기하제요. 다람쥐들이 그런 생각 해쌓는 게, 주워 다 놓은 밤도 반질한 게 실한 것만 모아 놨드만요."

"나름 살아가는 법이 다 있질 않겠어요? 그러니까, 남의 것 함부로 탐하는 게 아니랍니다."

"그라제요. 말씀이 맞당께요. 남의 것 탐내면 안 돼지라. 욕심이랑께요."

미랑이 씻겨 주고 난 후 잠시 노닥거리는가 싶더니 잠들기 시작한 미수는 미랑이 오노의 손을 꼭 잡고 산을 내려갈 때까지도 일어나는 기척이 없었다.

"오노, 노래해 봐."

"응? 무슨 노래?"

"아무거나 해 봐. 산토끼도 듣고 산비둘기도 듣고 다람쥐도 듣게 해 봐."

"사람들이 흉보면 어떡해?"

"산에 오는 사람들은 흉 안 봐."

"왜?"

"산을 좋아하니까, 마음들이 착해. 그래서 흉 안 봐."

"이모는 어떻게 알아?"

"오노도 이다음에 알 수 있어. 조금 더 크고 또 크고 그러면 알 수 있어."

"내가 나무야? 맨날 크게."

"응. 우리 오노는 나무야. 고운 단풍나무…… 그래. 맞다. 단풍나무는 오노 닮았어."

"빨간 손바닥 같은 잎 하나 가득 달린 나무 말이지?"

"그래. 이쁘잖아."

"하나도 안 이쁜데……"

"푸른 하늘 은-하수 하얀 쪽배에 계수나무 한 - 나무 토끼 한 마리-"

나지막이 들릴 듯 말 듯한 소리로 부르기 시작한 노래는 미랑이 자장가 삼아 불러 주던 귀에 익은 소리였다.

엄마라는 말보다 이모라는 말을 먼저 배운 오노.

눈에 익기 시작한 얼굴이 엄마 대신 이모였던 오노.

오노로서는 모든 게 자연스러웠고 부족함이 없었다. 가끔 자신을 바라보는 측은한 눈빛들이 오히려 이상하게 느껴졌다. 엄마는 그냥 엄마일 뿐이었다. 오노만 보면 안아 주고 이뻐해 주는 화순네는 외할머니였고, 화내는 모습 한 번 보이지 않는 은덕 스님은 오노에게 이것저것 가르쳐 주기도 하고, 귀한 버섯이라도 따게 되면 꼭 챙겨 주곤 했던 푸근하고 믿음직한 고모 같았다.

미랑의 노랫소리를 들으며 오노는 미랑의 손에 힘을 주었다.

등 뒤로 어둑한 산 그림자가 조용히 내려앉고 있었다.

꾸-꾹 꾸-꾹 꾸구-국

산비둘기 울음이 무거운 공기를 헤치며 드문드문 산을 내려가는 사람들의 발길을 서둘러 재촉하는 것만 같았다.

버스를 타고 오는 동안 깜박 잠이 든 오노는 그새 꿈을 꾸었다.

엄마는 선녀 같았다. 눈처럼 하이얀 한복을 곱게 입고 동백꽃이 그려진 커다란 부채를 들고 곱게 단장한 얼굴로 춤을 추고 있었다.

"엄마……"

"엄마 이뻐?"

"응."

"얼만큼?"

"이만큼……"

사뿐한 발돋움으로 한 바퀴 빙 돌며 부채를 흔들자, 촤-악 소리를 내며 빨간 동백꽃이 활짝 피었다. 엄마는 행복해 보였다. 엄마는 꽃 속으로 빨려 들어가고 있었다.

"엄마…… 엄마……"

오노는 무서웠다. 엄마의 손을 잡아야 한다고 생각했지만 미랑의 손처럼 힘주어 잡을 수가 없었다. 미랑의 목소리에 오노는 간신히 눈을 떴다.

"그새 잠들었어? 내려야지."

버스에서 내렸지만 잠이 덜 깬 듯한 오노의 얼굴을 들여다보며 미랑은 웃었다.

"이런, 잠이 덜 깼나 봐. 오노. 바보 같잖아."

미랑이 놀렸지만 오노는 터벅거리며 걸었다. 꿈에 엄마 손을 잡아주지 못한 것이 마음에 걸려서였다.

학교에서 돌아온 오노는 미랑의 방문을 열었다. 붓이며 물감이며 가지런히 정돈된 채 미랑은 집안에 없었다.

딱히, 이상한 일은 아니었다. 그림을 완성하게 되면 화방에 가기도 하고 그림을 배우는 사람들도 있기 때문에 집을 비우는 일은 일상적인 프로그램의 일부였다.

오노는 맥 빠진 얼굴로 냉장고 문을 열어 우유를 꺼내 마셨다. 오노가 우유를 마시면 미랑은 말랑한 식빵에 크림 버터를 바르고 치즈 한 장을 얹어 주곤 했었다.

"오노, 혼자 있게 되면 이모가 하는 것처럼 이렇게 해서 먹을 줄 알아야 돼. 라면은 절대 안 돼."

'라면이 더 맛있는데……'

"가스 만지는 것도 위험하고 라면을 많이 먹게 되면 나중에 아프단다. 알겠니?"

미랑의 당부 때문에 오노는 가스도 만질 수 없었고 맛있는 라면도 맘대로 먹을 수가 없었다. 식탁 위엔 메모지와 윤이 반지르한 김밥이 담긴 접시가 랩으로 싸여 있었다.

– 오노. 좀 늦을 거야. 오늘 식사는 간단히 –

이럴 때 휴대폰이 있으면 참 좋겠다고 생각하며 오노는 한숨을 쉬었다.

화순 할머니의 당부가 있은 뒤 오노는 미랑에게 억지를 부리거나 하는 일은 하지 않았다. 가끔, 힘들어하며 어딘가 아파 보이는 것도 그렇고 엄마 대신 자신을 키워 주고 있는 미랑이 자신 때문에 힘들어한다면 안 될 일이라고 생각했기 때문이다. 하지만 초등학교 육 학년이나 됐는데 같은 반 아이들은 약속이나 한 듯 갖고 있는 것 들을, 오노로서는 매우 부러운 일이 아닐 수가 없었다. 또래들은 휴대폰으로 게임도 하고 문자를 주고받기도 했다. 놀다가도 돌아갈 때쯤이면 집에 전화를 하였다. 지연이는 얼마 전 생일 때 새 휴대폰을 선물 받았다고 자랑하더니 휴대폰만 한 크기의 털복숭이 강아지 인형을 달아 아예 목에다 걸고 다녔다.

언제인가 휴대폰 매장 앞을 지날 때 오노의 표정을 살피며 미랑이 넌지시 물었었다.

"갖고 싶니? 사 줄까?"

"아니.. 괜찮아."

"정말?"

"그렇대두……"

마음과는 달리 단호하게 거절해 버린 자신이 바보 같다고 생각했지만 곧 잊어버렸다.

컴퓨터를 키고 만지작거려 보지만 재미없었다. 미랑은 오노에게 해서는 안 될 규칙 같은 것을 몇 가지 만들어 주었었다. 그 몇 가지 항목은 아무 사이트나 들어가지 않기. 함부로 댓글 달지 않기. 컴퓨터 용어를 함부로 쓰지 않기 등이었다.

"이 다음 네가 어른이 되면 아니 좀 더 모든 것을 이해하고 생각할 수 있을 때 그땐 아무런 말도 하지 않을게. 할 수 있겠니?"

미랑의 규칙엔 은덕 스님도 화순 할머니도 모두 찬성이었다. 오노는 미랑이 말하는, 이해하고 생각 할 수 있는 그때가 언제인지 알 수 없었지만, 어서 그때가 오기를 기다렸다.

그때가 오기까지 얼마나 많은 시간이 흘러야 할지 알 수 없지만, 그때까지 오노는 아무것도 생각하지 않기로 했다. 언젠가 지연이에게 그러한 생각들을 말했었다가 핀잔을 들은 일이 있었기 때문이었다.

"너, 바보 아니야? 요즘 허락 받고 컴퓨터 하는 애 봤어? 우리 아빠도 게임 해. 엄마도 고스톱 하고 물건도 주문하고 채팅도 하는데 너네는 참 이상해. 혹시 너네 이모 컴맹 아니야?"

"아니야. 그런 거. 네가 뭘 안다구."

은근히 으스대며 말 하는 듯한 지연이 얄밉기도 했지만, 오노는 미랑이 틀렸다고 생각하지 않았기 때문에 지연이에게 더 이상 말하지 않기로 했었다. 가끔, 미랑이 메일을 살펴보기도 하고 무엇인가 컴퓨터 작업도 하는 것을 보았기 때문에, 지연이 말하는 컴맹은 절대 아니었다.

"오노, 감기 들면 어쩌려고 밥도 안 먹고…… 이렇게 자면 어떡해."

메마르고 낯익은 손이 오노를 흔들었다.

"응…… 이모."

"그래. 일어나. 아이구 . 우리 오노 착하다. 조금 있으면 중학생인데 일어나야지요."

뒤척거리며 반 어리광을 부리던 오노는 어렴풋이 소독약 같은 약 냄새를 맡았다.

"어? 이모.. 병원 냄새가 나."

미랑의 얼굴이 유난히 하얗게 보였다.

"병원 냄새?"

"응. 이모 병원 다녀왔어?"

"아닌데.. 아.. 물감 냄새구나."

"아.. 그렇구나. 물감 냄새구나. 이모 아픈 줄 알았어."

"이모 아픈 거 싫니?"

"응. 싫어 아프면 안 돼. 그러니까 아프지 마."

오노는 미랑의 손가락에 자신의 손가락을 걸었다.

"약속하는 거야. 인쇄. 복사."

미랑은 웃었다. 가엾은 조카 오노.

'미수…… 미수야. 네 아들 오노를 위해 꿈에서 깨어나렴. 네가 꾸고 있는 그 지겹도록 긴 꿈에서 깨어나 오노가 더 크기 전 이 아이 모습을 봐 주렴.'

미랑은 긴 한숨을 삭이며 오노를 안아 주었다. 아직은 품속에 쏘-옥 들어오는 아이. 언제부터인가 응석도 부리지 못하고 모든 걸 참는 듯한 아이. 엄마를 바라보면서도 가까이 가지 못하는 아이. 미랑은 눈에 그렁해진 눈물을 오노가 알세라 서둘러 오노의 방을 나왔다.

"오노. 피자 먹지 않으련?"

"정말? 이모. 피자 사 왔구나. 야."

"손 씻고 식탁으로 오렴."

미랑의 마음을 알 리 없는 오노는 신 나는 표정으로 피자 박스를 열었다.

"저런, 그렇게 좋아?"

"응. 피자도 맛있지만 이모가 집에 있는 게 더 좋아. 나 혼자 있으면 싫어. 재미없고 심심하고 무서워."

"그런 말이 어디 있어? 오노 겁쟁이네."

"지연이는 학교 끝나면 학원가잖아. 다른 애들도 다 그래. 그래서 재미없어."

"넌 공부 잘해서 학원 안 간다며?"

"난, 이모가 가르쳐 주잖아. 그리고 학원 재미없대."

"누가?"

"애들이. 지연이도 그랬어."

미랑은 또 웃었다. 아직은 천진하기만 한 어린 아이. 오노가 있어 나름 분주하고 알찬 시간들이었는지도 모른다. 지금 오노와 함께하는 이 순간마저 더 없이 안타깝게만 느껴지는 것은 언제까지 오노를 지켜 주고 돌보아 줄 수 있을지 알 수 없기 때문이다.

미랑은 웃으면서도 자신의 손을 보았다.

점점 마비 현상이 잦아드는 손, 세상에 태어나 젖 한 모금 먹어 보지 못한 채 외면당했던 미혼모의 자식, 오노를 품에 안던 순간부터 먹고 살기 위해 그려야 했던 그림, 예술이라는 도도한 이름 뒤로 숱한 그림들을 내던지듯이 그려야 했던 손, 그 손이 가끔은 저리더니 또 가끔은 바늘로 콕콕 찌르는 것 같기도 하더니 어느 때부터인가 말을 잘 안 들을 때가 있었다.

"그 선배 말이지 참 아까워. 뭐 손을 못 쓰게 됐다나. 실력은 좀 좋아. 마비 현상이 있었대."

누구의 이야기였을까…… 미랑은 두려움에 사방이 어두워지는 것만 같았다. 피자 한 조각을 맛있게 우물거리며 먹고 있는 오노의 모습이 촛불처럼 흔들거렸다.

인연, 친구

*

동구 아저씨…… 난 말이지. 태어나서 처음으로 남자를 본 것 같았어. 처음엔 낯선 사람과 알아진다는 것이 조금 무섭기도 하고 황당하기도 했는데, 동구 아저씨를 만나고 난 후 은근히 의지할 곳이 생긴 셈이었지. 사실 나를 걱정하고 사랑해 주는 사람들은 모두 여자들 뿐이거든. 동구 아저씨를 처음 만나던 날, 그날은 정말 잊을 수 없는 날일 거야. 엄마 때문에 난 정말 슬펐거든. 그래도 동구 아저씨를 만나게 됐으니 꼭 슬펐던 날은 아닌 것 같애. 뭐, 내가 좋아하는 톰 크루즈나 황비홍 같은 스타일은 아니지만 인정이 많고 부지런한, 아! 그래. 항상 웃고 있었어. *

"이쁘당께. 우짜 이리 잘났을까잉. 교복 입으니께 참말 도련님 같당께. 그라죠? 스님."

"눈에 넣어도 아프지 않다."라는 말이 무색할 정도로 화순네는 연신 오노의 교복 입은 모습을 입에 올리며 옷매무새를 매만지기에 여념이 없었다. 은덕 스님은 빙긋이 웃으며 미랑을 돌아보았다.

"미랑 보살님이 애 많이 쓰셨지요. 착하게 자라 주느라 우리 오노도 기특하고, 복이지요. 덕을 쌓고 살다 보면 부처님께서 지켜 주실 겁니다."

"그렇당께요. 미랑이 좀 애쓰며 살았지라. 오노야. 할미 말 잊으면 안 된당께. 이모한테 잘해야제. 이다음에 돈 많이 벌어 이모 호강시켜야 한당께."

"참. 엄마도, 애한테 별 소릴 다 하시네."

오노의 중학교 입학을 앞두고 교복을 입혀 인사차 들른 산중의 절간 집은 오랜만에 깊은 겨울의 적막함을 깨고 있었다. 오노의 모습을 대견하게 바라보는 여인들 틈에서 은근히 부끄러워하던 오노는, 방 한 구석에 다소곳이 앉은 미수의 무심한 눈길에 가슴이 철렁 내려앉는 것만 같았다. 미랑과 닮은 듯한 얼굴이었지만 멍한 눈빛으로, 아무런 의사 표시도 할 줄 모르는 미수에게서 엄마라는 느낌이 전혀 들지 않는 죄의식도 있었지만 왠지 도망가고 싶은 심정이었다. 그런 오노의 마음을 알 리 없는 화순네는 미수 앞으로 바싹 다가앉아 손을 꼭 잡았다.

"보랑께…… 미수야. 니 아들 오노가 중학생이 됐는디 니도 좋제? 뭐라 말 좀 해 보랑께. 머리도 쓰다듬고 볼도 만져 보고.. 보랑께.. 을메나 탐스럽고 잘났나 말일시."

"아…… 으……"

순간이었다. 아무 미동도 없는 어미가 안타까워 오노의 손을 끌어다 미수의 손을 잡게 해 주던 아주 짧은 순간이었다. 짐승 같은 신음 소리를 내며 화순네와 오노의 손을 동시에 뿌리치며 매서운 눈빛으로 오노를 노려보던 잠시 동안의 그 순간은 결국 오노를 밖으로 내몰고야 말았다.

먼 하늘에 걸려 있는 겨울 끝 햇살이 차갑게 부서지며 어스름한 저녁을 불러내고 있었다.

하나둘씩 세다가 잊어버리던 무딘 돌계단을 단숨에 뛰어 누렇게 버석한 풀대만 바스락대는 들녘을 지나 바람 도는 모퉁이를 돌아설 때까지 오노는 아무런 생각도 하지 못했다. 귓전에 맴돌던 미랑의 목소리가 마음에 걸렸지만 다시 돌아가고 싶지 않았다.

미수의 얼굴을 두 번 다시 볼 수 없을 것만 같았다. 갑자기 맥이 풀려버린 오노는 커다란 나무에 기대었다. 슬프다기보다는 무서웠다. 미수의 무심하던 눈빛, 자신을 미워하는 듯한 행동들이 두렵고 무섭기만 했다. 오노는 울었다. 왜 눈물이 나는지 이유도 모르는 채 울었다.

둔탁한 느낌이 어깨 위로 와 닿았다. 고개를 돌리기도 전에 둔탁한 느낌과 어울린다 싶은 목소리가 들렸다.

"어이, 학생 울고 있는 거야?"

오노는 소매 끝으로 눈물을 닦았다.

"조금 있으면 말이지. 어두워질 텐데 왜 이런 데서 울고 있는 거지?"

한쪽, 손에 들고 있던 자루를 내려놓으며 풀썩 주저앉는 낯선 사내를 바라보며 오노는 잠시 망설였다.

"하아, 그런 눈으로 보지 마. 나쁜 사람 아니니까 저기 봐. 저기 오는 노인네가 우리 아버지야. 칡 캐러 왔거든."

묻지도 않은 말을 주절거리던 사내가 마치 걷기를 즐기는 것 같은 걸음걸이로 천천히 움직이는 노인네에게 손짓 하며 오노를 힐끔거리듯 바라보는 눈길에 오노는 슬며시 기분이 나빠졌다.

"아, 내 이름은 동구야. 나 아직 장가 안 간 총각이니까 그냥 형이라고 불러. 그런데 네 이름은…… 교복에 명찰이 없네. 신입생이구나. 너 이름 뭐야?"

"오…… 오노……"

"뭐? 오노? 영어로 노 말이지?"

오노는 이름을 말해 준 것이 후회가 됐다.

"뭐, 괜찮아. 이름 따위는. 난 동구 밖이라고 놀림 많이 받았거든. 우리 아버지가 지은 이름인데 해 뜨는 동쪽, 뭐 부지런하고 복이 많이 들어오라고 해서 동구라고 했는데 학교 다닐 때 이름 때문에 싸움도 많이 했지. 그러다 보니 어느새 싸움닭이라는 별명이 이름이 되어 버린 거야. 덕분에 공부는 말아 먹었지만 늘 대장이었어. 하하하. 이거 말이야."

엄지를 들어 보이며 으쓱하던 사내는 호기심 어린 눈빛으로 목소리를 낮추며 넌지시 말했다.

"저기, 내려오는 여자 말이지. 너랑 같이 온 거야?"

오노는 그제서야 미랑의 다급한 목소리를 떠올렸다. 숨이 찬 듯하면서도 애써 차분한 모습으로 오노의 손을 잡던 미랑은 낯선 사내를 바라보았다.

"저…… 우리 아이가 무슨 잘못이라도……"

"아니.. 아니 절대 그런 일 없구요. 그냥 울고 있길래 달래 주고 있었을 뿐인데요. 어이, 그렇지?"

갑자기 허둥대는 듯한 사내의 모습이 우습기도 했지만, 오노는 미랑이 화가 났을까 싶은 마음에 걱정이 되었다.

"뭣들 하냐. 어서 가자."

느릿한 걸음으로 저만치 보이던 노인의 꼿꼿한 모습이 어느새 곁에 다가와 지팡이를 툭툭 치며 길 재촉을 하자, 사내는 머쓱거리며 미랑에게 넌지시 말을 던졌다.

"저…… 우리 차가 있는데 괜찮으시면 함께 가셔도 좋은데……"

미랑이 뭐라 말하기도전에 노인은 자신의 결정을 따라야 하는 것처럼 단호히 말했다.

"다리 품 팔 것 없이 타시게나."

"아, 그러세요. 시가지 나가는 길목 아시죠? 왜 하늘탕제원 거 모르세요? 나름 토박이로 유명한데 거기 우리 집이거든요. 어디 사세요? 바래다 드릴게요. 참. 오노라고 했나…… 누님이세요?"

"우리 이모예요."

"아! 그랬구나. 오노 이모시구나. 어쩐지 좀 닮긴 했어. 오노, 이것 좀 같이 들어 줄래? 아버지 천천히 걸으세요. 아까는 다리 아프시다 하시더니 갑자기 웬 힘이 나시나."

사내는 운전을 하면서도 신이 난 목소리로 여전히 떠들어댔다.

"여긴 제 고향이거든요. 혹시 하늘 아래 첫 동네라고 들어 보셨어요? 제가 태어난 곳이거든요. 아주 높은 산꼭대기죠. 하늘 밑이라고 해서 첫 동네라고 하나 봐요. 우리 노인네가 산 약초 박사거든요. 약 필요하시면 언제든지 콜 하셔도 돼요."

"쯧…… 오늘따라 말품이 많다. 그런데 처자는 산중 절에 다녀오시는 길인가 보우. 해질녘 내려서는 걸 보니……"

"예. 은덕암에 다녀오는 길입니다."

"아! 중턱에 작은 암자? 비구니 스님 있지. 은덕 스님이라고."

"그분을 아세요?"

"암. 알다마다. 오래전부터 약을 지어 가는 걸."

"약을요?"

"음. 오래됐지. 어디 보내는 것 같던데."

깡마른 체구와는 달리 노인의 성품은 부드럽고 차분해 보였다.

"그런데, 처자. 안색이 힘이 없어 보여. 시간 나면 우리 집에 들러. 좋은 약재들 많으니 구경도 좀 하고 뭐라 뭐라 해도 건강이 최고인 거야."

"맞아요. 하루 세끼 따박따박 챙기고 소화 잘 되게 열심히 일도 잘하고 운동도 잘하고 마음도 비우고 보약이 따로 있나요. 요새들 별것 다 먹는다지만 오히려 병이라니까, 우리 아버지 말씀이죠. 에—헴."

"예끼, 어서 장가나 가라니."

미랑과 오노는 쿡쿡거리며 웃었다. 은덕암에서 있었던 일들을 친절한 두 부자로 인하여 잊어버린 채 웃을 수가 있었다. 도중에 내려달라고 해도 굳이 집 앞까지 데려다 준 덕분에 모처럼 친척집에 다녀온 것 같은 기분을 미랑과 오노는 묘하게도 같이 느끼고 있었다.

오노의 잠자리를 봐 주며 미랑이 넌지시 물었다.

"괜찮아?"

"응. 엄마는 날 미워하나 봐. 그래도 괜찮아. 이모 있잖아. 할머니도 은덕 스님도.. 이모, 미안해."

"뭐가?"

"이모가 부르는데 그냥 와 버려서. 그땐 엄마가 너무 무섭기만 했어."

"나도 괜찮아. 하지만 오노, 엄마는 널 미워하지 않아. 엄마는 아픈 걸. 기억하고 있는 것이 아무것도 없단다. 이렇게 이쁜 오노를 미워할리 없잖아."

"이모. 엄마는 왜 아픈 거지? 낫지도 않잖아. 한 번도 엄마의 진짜 모습을 본 적이 없는 걸."

"곧, 나을 거야. 우리 모두가 엄마를 사랑하고 이뻐해 주면 다시 예전처럼 건강한 모습으로 오노를 안아줄 거야."

"정말 그럴까? 엄마가 날 알아볼 수 있을까? 그런데 이모, 정말 예전엔 엄마가 아프지 않았어?"

"응. 아주 건강하고 씩씩하고 착하고 아주…… 아주 이뻤어."

"얼만큼, 이모보다 더?"

"이모가 이뻐?"

"응. 세상에서 이모가 제일 이뻐. 지연이는 나한테 꼭 물어봐. 자기가 얼마나 이쁘냐구."

"지연이? 아…… 그 애."

"이쁘다고 말해 줘. 안 그러면 토라지거든."

미랑은 풋 하고 소리 내어 웃었다. 오노는 눈을 반짝거리며 진지한 표정으로 물었다.

"이모. 정말 엄마를 사랑해 주면 나을 수 있는 거지?"

"그럼, 우리 모두가 사랑해 주고 간절히 바라면 틀림없이 나을 거야."

"그럼. 열심히 기도 하고 절도 많이 해야겠네."

"우리 오노는 착하니까 무엇이든 들어 주실 거야. 봐. 오늘도 슬퍼하니까 좋은 분들을 만났잖아."

"동구 아저씨.. 음.. 할아버지도 좋은 분 같아. 처음엔 조금 무서웠거든."

"아휴. 그러셨어요. 오노 도련님. 자, 이젠 자야지. 불 꺼 줄까?"

불을 끄고 나가는 미랑의 기척에 오노는 마음속으로 말했다.

'이모. 잘 자. 그런데 이모. 미안해. 난 엄마가 무서워. 우리 엄마가 아닌 것 같아. 다른 애들 엄마는 그렇지 않잖아. 왜 있잖아. 미술 시간에 엄마 얼굴을 그리라고 하면 난 그릴 수가 없었는 걸.'

어버이날을 앞둔 미술 시간이었다. 반 아이들은 부모의 모습을 그리느라 열심이었지만 오노는 엄마나 아버지의 모습을 그릴 수가 없었다. 아이들은 나란히 웃고 있는 엄마와 아버지 또는 가족과 함께 손잡고 함박웃음을 짓는 모습을 그려 내기도 했지만, 오노는 궁리 끝에 할머니와 이모, 은덕 스님이 나란히 웃고 있는 모습을 그릴 수밖에 없었다.

"어? 하하. 너네 엄마야? 머리카락이 없네. 할머니가 엄마야? 그런데 왜 너처럼 생긴 아저씨가 없는 거야. 야. 오노. 우리 엄마가 그러는데 니네 아빠는 누구인지도 모른대. 니네 엄마가 그래서 돌았대. 오노. 오노. 오-노 난 싫어. 노우. 노우. 과자도 싫어. 사탕도 싫어. 노.노.노……"

참. 미운 녀석이었다. 오노의 주먹이 녀석의 얼굴을 향했고 녀석의 발이 오노의 배를 걷어찼다. 한바탕 소란 끝에 선생님의 꾸지람으로 끝났지만 왠지 억울해서 견딜 수가 없었던 오노는 울지 않으려고 이를 악물며 녀석을 노려보다 그림을 찢어 버렸었다. 그런 일이 있은 이후 어버이날이 싫기만 했었다.

새삼, 지난 일을 떠올리다 오노는 울컥 눈물이 쏟아졌다. 주방에서 뭘 하는지 달그락거리는 미랑의 인기척이 들렸다. 오노는 눈을 꼭 감았다. 자야지…… 자야지 하면서.

동두천 안개(2)

누군가 울고 갔어요
누군가도 울고 갔구요
그네들의 허연 가슴
신내천 유유한 물살에
푹푹 빠뜨렸어요.
옛날옛날, 하다만 이야기라고
펑펑 울다 갔어요.
논두렁 밭두렁 듬성듬성 깔린 찔레꽃
보고파 울고 또 울다 갔어요.
저 건너 신시가지 불빛 야속해
스멀대는 안개 바람에
냇-둑의 마른 억새 쓸어내리며
자꾸만 울다 갔어요.

—(시) 동두천 안개2

"참말로…… 이 봐라…… 보리 꽃이 피었네. 어찌 요리 탱글탱글하니 속이 꽉 찼을꼬. 미수야 이게 뭔지 알제? 니들 어릴 적만 해도 이맘때 이삭 줏으러 다닌 거 알제?"

뒤곁 텃밭 한 귀퉁이에 듬성듬성 꽃처럼 깔린 알찬 보리들을 보며 미수가 듣거나 말거나 화순네는 연신 말을 흘려댔다.

키만 부쩍 자란 쑥갓은 노오란 꽃봉오리가 간들거리며 매달려 있었다. 화순네가 무어라 하건 미수는 풀 섶에 주저앉아 먼 하늘만 바라보고 있었다.

"옛날 얘기다. 그쟈. 알제. 미수야 생각나제? 미랑이하고 동네 애들이랑 휩쓸려 떨어진 이삭 주워다 잿불에 구워 손바닥으로 싹싹 비벼 시커멓게 입칠 하다 아버지한테 종아리도 맞았제."

화순네는 미수를 끌어당겨 무릎베개를 해 주었다. 안타까운 손길이었다.

"이게 내 자식인가 싶다. 요리도 곱디고운 얼굴이 말이제. 니 아비 화병에 술만 마시다 낼 두고 먼저 갔제. 나 혼자 어쩌라고 말이다. 만날 싸질러 다녀쌓든만 미랑이 본보라고 그래 말 들어도 부모 말은 귓등으로 흘려대든만…… 에고…… 이것아. 우리 딸 불쌍해서 어쩐당가. 멀쩡한 정신 내뿌리고 모른 척 살 거다냐. 이것아. 언제까지 모른 척 할라구 그런당가."

혼자 설움에 구구절절 토해내던 말들은 화순네의 업이었다. 토끼새끼처럼 끼고 살던 자식이 어미 얼굴만 봐도 눈치껏 곰살맞게 굴던 자식이 어느 날부터 딴 세상을 만들기 시작했다.

그 순간부터 어미는 바보였다. 속 터지는 어미의 화는 쓸데없는 무식이었다. 단지, 살갗에 와 닿는 아비의 회초리가 겁이 났을 뿐 어미의 동동거림은 오직 밥하고 빨래하고 청소하고 밭에 나가 잡풀 뽑아대며 끼니 때마다 꼬박꼬박 산나물 무쳐대고, 푸성귀 뽑아다 멸치 다시 우려 국을 끓이는 일로 치부했을 뿐, 속이 보이지 않는 오래된 우물처럼 깊고 무엇이든 참고 살아야 했던 인생의 대선배이며 언제든 숨을 수 있는 울타리라고 생각하지 않았다.

“빛살이 뜨겁네요. 안 보이시는가 했더니 예 있으셨네.”

은덕의 목소리에 눈가를 얼른 찍어내며 짐짓 딴청을 부리는 화순네를 보며 은덕은 빙그레 웃음을 띠었다.

“스님, 어디 가신당가요?”

“잠시, 탕제원에 다녀오려구요. 오늘은 미수가 기분이 좋은가 보네요. 엄마 무릎에 누우니 편안한가 봅니다.”

“저, 정신에 뭐시 좋은지 알기나 한다요. 세상 가는 것 따라 살다 보니 벼락도 눈 멀었제. 원 칠 데가 없어 철없는 어린 것한테 쳐댔으니 다-아 제 죄랑께요.”

“미순들 뭘 알고 살았겠어요. 너무 아파하지 마세요. 어느 날 엄마 하고 반길 겁니다.”

“참말 그럴는지…… 휴…… 핏덩이 놓고 눈길 한 번 안 주고 밤낮 울어대더니 저래 산 송장마냥 정신을 놔 버렸으니…… 오노가 그 불쌍한 게 무슨 죄가 있다고 저만치 크도록 새끼도 몰라보니 죄도 저런 죄가 있을랑가.”

“그래도 많이 좋아졌지요. 오노도 잘 크고 있고.”

“다-아. 스님 덕분이지라. 저, 천방지축 걷어 보살펴 주신 덕분에 우리사 잃어버린 딸 찾고 같이 몸담고 살지만, 우리 스님 맘 신경 얼마나 고단하셨당가요."

"오히려, 제가 짐이지요. 보잘 것 없는 사람 조석으로 챙겨 주시고 어머님처럼 걱정해 주시니 제가 복이 많네요. 우린 가족이나 마찬가지지요. 부처님께서 주신 귀한 인연들이지요."

은덕이 미수를 처음 만났을 때 미수는 법당에서 큰 소리로 울고 있었다. 재일이 아니면 사람 발길이 드문 날이라 통곡하며 울고 있는 낯선 처자는 부끄럼 없이 마음껏 울 수 있었다.

은덕은 삐끔히 열린 문을 닫아 주다 올차게 나이도 들지 않은 어린 아이 같은 여린 모습에 얼핏 부른 배를 볼 수 있었다.

듣지 않아도 보지 않아도 짐짓 사연을 알 것만 같았다. 한참을 울던 처자는 울기를 다 했는지 문을 나서다 마당 풀 섶에 앉아 있던 은덕을 보자, 부끄러운 듯 고개를 숙인 채 걸음을 떼지 못했다.

"이리 와서 앉으세요. 나무 그늘이 시원하네요. 올해는 감이 많이 열릴 것 같아."

차분하고 부드러운 말씨에 마음이 놓였는지 처자는 쭈뼛거리며 은덕 스님의 옆으로 다가왔다. 은덕 스님은 처자의 얼굴을 자세히 볼 수 있었다.

스물도 안 됐을 것 같은 앳된 얼굴, 갸름하고 맑은 얼굴이었다. 부른 배만 아니었으면 단아한 몸매였을 것 같던 그 모습에서는 세파에 휩쓸리며 살아온 흔적 같은 것이 보이지 않았었다. 단지 쌍꺼풀이 없는 얄프레하면서도 고운 눈매엔 두려움이 가득 실린 채 무엇인가 절실히 원하고 있다는 것은 확실했다. 처자는 가느다란 목소리로 간신히 말했다.

"미안해요. 스님. 버릇없이 부처님 계신 곳에서 함부로 울어서요. 울 곳이 없었어요. 다른 사람들이 들으면 야단치고 흉볼까 봐 울 수가 없었어요. 엄마하고 절에 간 적이 있었어요. 엄마가 생각나고 보고 싶고…… 흐흑"

어린 처자는 말 하다 말고 또 울었다. 은덕은 안타까운 처자의 긴 머리를 어루만졌다. 부드럽고 윤기 나는 머리카락이었다.

"자-아. 이제 그만 울고 홑몸도 아닌 것 같은데 이름이 뭐지요?"

"미수, 저…… 미수예요. 언니는 미랑이구요. 저보다 조금 먼저 태어나서 언니라고 하지만 한 번도 언니라고 불러 본 적이 없어요. 하지만 미랑은 착해요. 정말 정말 착해요. 아버지가 저 때문에 화병 나서 화…… 화병 나서 누우셨대요. 엉엉 어떡해요. 어떡해요."

말하다 말고 엉엉 울어버리는 미수에게 은덕은 달리 달래 줄 말도 없어 난감하기만 했다. 한참이나 눈물 바람 하던 미수는 멍한 눈빛이었지만 단호한 어조로 말했다.

"이, 애기요. 난. 무서워요. 어떡하죠? 애기 아빠도 없어요. 그러려고 그런 건 정말 아니었어요. 아기를 가질 생각은 못 했어요. 아니, 생겼으리라 짐작도 못 했어요. 너무 많이 먹어 배가 나온 줄만 알았어요. 스님. 안 낳게 해 주세요. 창피하고 무서워서 병원에도 못 갔어요. 스님은 하실 수 있죠? 저. 시키는 대로 다 할게요. 안 낳게 해 주세요."

어린 임산부의 입에서 나오는 소리는 참으로 어처구니없는 말들이었다. 은덕은 지그시 눈을 감았다. 애처롭게 매달리며 눈물로 범벅이 된 채 불안함만 가득했던 얼굴이 지금 저렇게 엄마 무릎을 베고 평온한 모습으로 잠들어 있다는 것이 은덕은 신비하게만 느껴졌다.

"다-아 꿈인 게지요. 만질 수 있는 것도, 볼 수 있는 것도 그 순간뿐이겠지요. 지나고 보면 아무것도 아닌데, 그러니까 지금이 제일 중요한 거죠. 그렇죠?"

"예? 스님. 지금 한 말씀이……"

"그러니까 지나간 일 때문에 울지 마시라구요. 지금, 미수는 편안히 잘 자고 있고 오노도 학교 잘 다니고 그럼 된 거죠?"

"아…… 그 말씀이……"

은덕 스님의 갑작스런 말에 얼떨떨하면서도 알겠다는 듯 고개를 주억거리던 화순네에게 은덕 스님은 웃음 띤 얼굴로 속닥거리듯 말했다.

"저기, 말이에요. 공양 준비 좀 하셔야 될 것 같은데요. 연천 할머님께서 오신다는데요."

"참말로 오랜만에 오는 갑네. 전화 왔당가요?"

"조금 전에요. 우리 화순 할머님 보고 싶어 마실 오신답니다. 다녀올 테니 오시거든 맛있는 공양 하시고 정담 나누세요."

"그라제요. 이. 할망구. 시가지 아파트로 이사 갔다고 하든만 오는 길도 잊었나 싶더니 뜸하니 뭔 바람이라냐. 미수야 일어나제이. 상추 꺾고 호박 영근 게 있나 어디 가 보제……"

오랜만에 말벗이 생긴 화순네는 생기 돈 얼굴로 분주해지기 시작했다. 은덕 스님은 지난 봄 오노가 수학여행 다녀오면서 선물이라고 쑥 내밀던 챙이 넓게 달린 밀짚모자와, 미랑이 정성껏 그린 연꽃이 가득 담긴 부채를 챙겨 돌계단을 내려가기 시작했다.

계단 한 번 내려설 때마다 마음속으로 관세음보살을 부르다 새삼 오노를 떠올렸다. 태어나면서부터 십수 년이 지난 지금까지 수없이 밟으며 올라왔을 계단을, 이상하게도 헤아리지 못하던 오노는 계단의 숫자 이야기만 나오면 얼굴이 벌게지며 어찌할 줄을 모른다.

공부를 못 하는 것도 아니고 과목 중 수학도 떨어지는 편이 아니다. 말수가 적은 편이긴 하지만, 딱히 모난 성격도 아니다. 가끔, 어른스러운 말이라든가 의젓한 척 하지만 그것은 여자들 틈새에서 유일한 남자였고 훗날, 가장이 되어 보살펴야 한다는 책임 의식에서 비롯된 것인지도 모른다. 나름대로 사춘기도 잘 넘겼고 고등학생이라는 신분에 걸맞게 자신의 일에 충실하고 있다. 걱정 되는 부분은 많은 걸 참고 있는 듯한 것이다. 여느 애들 같으면 한 번쯤 물어봤을 출생 여부라든가, 아이들과는 다른 외모라든가 그런 것에 대해서 한 번도 고민하거나 우울한 모습을 보인 적이 없었다. 하지 말라면 하지 않았고 비교적 순종적인 모습만 보여 주고 있었다.

은덕 스님은, 오노가 이젠 어린애가 아니라는 사실을 새삼 느꼈다. 태어나기 전부터 인연을 맺은 특별한 아이였다. 철없는 어미의 속과는 달리 우렁찬 울음으로 세상을 맞이하며 자신의 품에 안겼던 아이였다. 아버지가 누구였든 이미 상관없는 일이었다. 유난히 하얀 피부색과 약간 곱슬기가 있는 짙은 갈색 머리를 가진, 아이는 갈색의 깊은 눈매로 주위의 시선을 끌기에 충분했지만 한 번도 내색을 하지 않았다.

아마도, 이 땅에 태어나 이 땅의 모든 것들을 마시고 보고 듣고 한 탓이리라. 조만간 오노와 대화를 나눌 시간을 가져야 할 필요가 있다고 생각하며 자신이 걸어가고 있는 숲길과 하늘을 바라보았다. 많은 시간을 거쳐 오면서도 세상엔 별별 일이 매일 쏟아지고 있어도 아무런 동요조차 없는 늘 똑같은 모습의 하늘은 쾌청함을, 청록색으로 뒤덮인 산은 말 그대로 고요하고 아름답기만 하였다. 군데군데 어우러진 산수국이, 보기만 해도 배가 부르다는 탐스러운 조팝꽃이 영롱한 빛깔을 자랑했고, 숨듯이 피어난 산도라지 꽃의 고독한 모습이, 마치 살아 있음을 증명이라도 하듯 모든 것의 적막을 깨고야 마는 산비둘기 울음이 세상의 시끄러움과는 무관하듯 단절된 영역을 잘 지켜내고 있었다. 은덕 스님은 저도 모르게 가슴 밑바닥에 꼭꼭 누질러 놓은, 이제는 삭을 만치 삭아 휘적거려도 손톱만큼의 건덕지조차도 되지도 않는 기억 속의 잔여물들을 조금씩 꺼내고 있었다. 되돌릴 수 없는 안타까운 시간들이었다. 은덕 스님은 두 눈을 지그시 감았다. 밀려드는 착잡함에 습관처럼 "관세음보살" 소리가 신음처럼 흘러 나왔다.

"부처님. 용서하십시오. 이젠, 가야 할 때 가 다가오는 것 같습니다. 허락해 주십시오. 모든 것을 참고 살며 억지로 버리려 하는 것도 훗날 업이 될 것 같습니다. 제가 갈 수 있도록 허락해 주십시오."

다람쥐일까. 새일까. 풀숲에서 바스락 대는 소리가 귓전에 와 부딪혔다.

할미꽃

누가 뭐래나.
숨어 숨어 사랑 한 죄
마음 부끄러워

누가 뭐래나.
하다 만 사랑 버릴 수 없어
눈물, 그렁그렁

호젓한 산길
산비둘기 울음만 길게 남는다.

– (시) 동두천 안개 중

*

창선은 유일한 친구다. 다른 애들과는 달리 호기심 가득한 눈빛으로 나를 바라보지도 않았고 말하지 않은 것은 절대 물어보지 않았다. 덩치가 약간 큰 듯하지만 불량스럽게 보이지는 않는다. 늘 혼자 노는 듯 하지만 본래 창선의 성격이 아니라는 것쯤은 알 수 있었다.

반 아이들은 창선을 겁내기도 했지만 덕분에 가끔씩 내 신경을 자극하던 짓궂은 녀석들이 눈치껏 행동한다는 것은 고마운 일이 아닐 수 없었다. 안타까운 것은 집안의 가장 노릇을 톡톡히 해야 하는 환경 때문에 창선이 하고 싶은 일은 제대로 할 수가 없다는 것이다. 그럼에도 불구하고 늘 씩씩하고 부지런한 녀석을 좋아한다. 특히, 녀석의 자존심을……*

해가 지자, 어둠이 깔리면서 스멀스멀 안개가 밀려들기 시작했다. 유난히도 안개가 잦은 동두천. 부연 안개가 조그만 시가지를 바람 돌듯 감아 약간은 으슬으슬한 한기를 날릴 때면 한여름 밤의 무더위도 꼼짝을 못 했다. 외지 사람들은 악센트를 넣어 동두천을 똥두천이라고도 했다. 오랜 시간을 거슬러 올라가면 몹쓸 발길질에 많이도 밟힌 가슴 아픈 땅이었다.

낯선 이국인들이 버젓이 살 수 있는 땅, 내 한 번 건너면 갈 수 있는 고향을 바라보며 한숨으로 얼룩진 척박한 땅을 가꾸고 냄새 나는 땅이라는 질타를 받고 살았던 땅이 어느 때인가부터 꾸역꾸역 몰려들던 외지인들로 인해 많이 변하기 시작했다. 땅값이 올라가고 고슬고슬한 흙 속에 묻힌 알 굵은 감자밭의 허연 꽃들을, 찰진 옥수수밭의 속속 뻗어 내리던 갈색 수염들을 조금씩 파헤치기 시작하더니, 물줄기가 막히든 밤사이 촉촉해진 풀 섶 가득히 깔린 찔레꽃이, 들녘 가득한 개망초가 아무리 곱든 그들이 맘먹은 대로 몽땅 뒤엎을 수 있었던 것은 이른바 시가지 개발 또는 문화적 발전 지역 경제 등등 그러한 이유였다. 우뚝, 솟은 고층 아파트에 잘 다듬어진 공원이 울퉁불퉁한 길을 덜컹거리며 머릿수만 가득 채웠던 낡은 버스 대신 지하철이 들어섰고 모든 것이 풍요로워진 덕분에 논갈고 밭 갈던 시간 대신 취미생활로 여가를 즐기며 살 수 있게 되었다. 얻은 것이 있다면 잃은 것도 있는 법이었다.

땅을 팔아 부자가 되기도 했지만 그렇지 않은 이들도 있었다. 묻혀진 것들로 인하여 갑자기 생긴 부는 충분히 흥청거림을 유도하며 더 많은 부를 요구할 수도 있었기 때문이었다.

"창선이 넌 오늘 낮에 일 어떻게 생각해?"

"기분은 안 좋아. 우리 샘은 숫자에 개념이 없는 것 같아. 그냥. 머릿속에 박아둔 이론뿐인 것 같아. 오노. 나. 어쩌면 학교를 그만둘 지도 모르겠어."

"그게, 무슨 소리야?"

"난, 우리 집 가장이잖아. 엄마도 누나도 점점 더 아픈 걸. 나라에서 주는 보조금만으로는 살 수 없어. 아르바이트 월급으로도 어림없어. 다행히 마트 같은 데선 사람을 많이 구하고 있으니 일자리는 있을 거야."

"그래도 학교는 다녀야 되지 않아? 우리 이모 말대로라면 학벌이 좋지 않으면 취직도 어렵다던데. 넌, 수학 도사잖아."

"나중에 돈 벌어서 다시 학교 다니면 되지 뭘. 수학만 잘하면 뭘 해. 아무도 알아주지 않는 걸. 오늘도 괜히 나섰다가 샘한테 면박만 맞았잖아."

"애들이 그러는데 실력 없대. 줄이 좋아서 우리 학교에 왔다나 봐. 뭐.

강남에 산다던가. 몰고 다니는 차 봐. 죽이잖아."

가지가 휘어질 만큼 그득했던 꽃잎 대신 짙푸른 이파리들만 무성해진 벚꽃나무 밑에 등을 기대고 앉을 수 있는 의자가 있다는 것은 참 고마운 일이었다. 다행히 연못이라든가 분수대 반대편이라 사람들의 방해를 받지 않는 훌륭한 아지트인 셈이었다.

"난, 괜히 샘만 보면 덤비고 싶은 충동이 생겨. 비싼 양복이라든가 매사에 쿨한 척하잖아. 샘이 아니라 마치 학원 강사 같다구. 다른 샘들도 깜빡하잖아. 우리 반 기집애들도 몽땅 맛이 갔는걸."

"그래서 수학 시간만 되면 눈에 불을 키는 거야?"

"모르겠어. 그냥 잘나 보여서 그 샘만 보면 난 아무 데나 버려진 쓰레기 같아서……"

"너, 설마 샘하고 라이벌 뛰는 것 아니지?"

창선은 대답 대신 손에 들고 있던 캔 맥주를 숨도 안 쉬고 들이켰다.

"오노, 넌 왜 안 마셔? 이모 때문에?"

"우리 이모 엄청 예민하거든. 술 냄새가 나면 기절할 거야."

"하하, 넌 쑥맥이야. 기집애들도 잘 마시거든. 술 축에도 못 끼잖아. 이게 없으면 대화도 안 된다 구. 하나쯤은 괜찮다니까."

"안 돼. 대학에 갈 때까지는."

"대학에 가면 그땐 마실 수 있어?"

"응. 그럴 수 있을 거야. 어른이 되면 마음대로 해도 좋다구 했거든."

"넌, 이모 말을 잘 듣는구나."

"나, 보살펴 주잖아. 난 빨리 어른이 돼서 이모를 보살펴 줘야 돼."

"너네 엄마는?"

"우리 엄마는 애기야. 사실 엄마 같지도 않아. 그냥 엄마라고 하니까 엄마야."

창선은 어른스럽게 깊은 한숨을 내쉬었다. 오노의 마음을 알겠다는 뜻인지도 몰랐다.

"우리 엄마도 많이 아파. 우린 왜 집도 없는지 모르겠어. 말로는 할아버지 돌아가신 뒤 다 팔아 장사 하다 사기 맞았다던데. 어렸을 때 일이라 잘은 모르겠어. 아버지에 대한 기억도 하기 싫은걸. 빚쟁이 피해 혼자 도망간 나쁜 자식. 비겁한 인간이지. 누나도 그때부터 반편이래. 바보 같은 우리 엄마는 지금도 아버지를 기다리는걸. 제일 화나는 건 퉁퉁 부은 얼굴로 다리를 절뚝거리며 가판대 신문이며 박스 따위를 주우러 다니는 거야."

창선은 손에 들고 있던 캔을 쭈-욱 들이킨 뒤 힘을 주어 우그러트렸다. 오노는 잠시 망설이다 결심한 듯 속내를 비추었다.

"난, 아버지가 뭔지 잘 몰라. 그냥 남자라고 생각해. 지금까지도 아버지 얘기를 들어 본 적도 없어. 어렸을 때 애들이 날 많이 놀렸어. 날 놀린 애들이 이상한 거야. 난 여기서 태어나서 여기서 살았거든. 그런데도 자식들은 나만 보면 외계인 취급 하는 거야. 멀리 가 본 적이 없어. 어린이 대공원하고 남산타워 말고는. 아, 가끔 이모하고 인사동 화방에 다녀온 것 말고는 여길 벗어 나 본 적이 없어. 여기가 내 고향이고 난 이 나라 사람인데 애들은 날 놀리고 사람들은 이상한 눈으로 쳐다보더라구. 그게 무지 싫었는데 이모나 할머니한테 한 번도 말하지 못했어."

"왜? 넌, 아버지가 궁금하지도 않아?"

"잘 모르겠어. 다른 애들이 아버지와 함께 다니는 것을 보면 부럽기도 해. 처음부터 없었는걸. 그게 다야."

"그런데, 넌 대학은 갈 거야?"

"가야 된다고 이모도 은덕 스님도 할머니도 모두 그렇게 바라고 있는걸."

"그래도, 네 생각이 있을 것 아니야? 너무 감추고 사는 것 아니야. 내가 보기엔 넌 무조건 참는 게 많아 보여. 애들이 널 놀려도 넌 그냥 넘어가려고 하잖아. 나 같으면 그냥 두진 않았을걸. 취미 생활도 없는 것 같고 애들하고 잘 어울리지도 않잖아. 말 그대로 범생이야."

"난, 아무것도 할 수 있는 게 없잖아. 사실은 창선이 너만큼 배짱도 없어. 뭘 어떻게 시작하고 살아야 하는지 아직은 모르겠는걸."

"넌, 뭐가 하고 싶은데? 하고 싶은 것 생각 안 해 봤어?"

"아직은……"

"그럼, 잘 생각해 봐. 뭔가 있을 거야."

창선은 어른스럽게 말하며 오노의 어깨를 손바닥으로 가볍게 툭툭 쳤다.

"참! 일전에 고마웠어."

"뭐가?"

"전에 기혁이 패거리들 말이야. 다행히 네가 막아 줘서……"

"뭘, 그깐 일 가지고 사실 그 녀석 아버지가 시의원이래잖아. 그 녀석 엄마도 우리 학교 무슨 후원횐가 뭔가 한다며. 샘들이 무지 끼잖아. 그래선지 자식이 좀 찌질하잖아. 좀 아니꼽게 굴긴 해. 오-노. 그 녀석은 걱정하지 마. 내가 막아 줄게. 대신 넌 대학 가서 나 무시하면 안 돼."

"걱정하지 마. 내가 막아 줄게."라는 창선의 말에 감동하며 오노는 지연을 떠올렸다. 초등학교 때 지연이도 그랬었다. "걱정하지 마. 내가 친구 해 줄게." 선머슴같이 활달했던 지연이 서울로 가서 공부 한다고, 동두천은 시골이라 성적이 좋아도 대학 가기 힘들다고 서울에 있는 외갓집으로 간다며 눈물을 찔끔거리더니 중학생이 되자마자 전학 가 버렸었다. 주말이나 방학 때면 얼굴을 비추더니 고등학생이 되면서 그나마 보기도 힘들어졌다. 편의점 야간 아르바이트 교대 시간이라며 창선은 일어섰다.

"안개 낀 오늘 같은 날은 일할 맛도 안나. 점장 이 여간 까칠해야 말이지. 손 가는 일은 안 해. 그래도 인정은 있어. 시간이 지나면 냉장 식품은 모두 꺼내거든. 수거도 해 가지 않아. 아침에 교대할 때 가지고 가라 그래. 덕분에 바나나며 우유, 김밥 같은 건 매일 가져 올 수 있어. (한 문단팔리지만 않으면 말이야. 운이 좋은 날은 야채샐러드나 스파게티, 햄버거도 가져 올 수 있거든."

"배탈 나면 어떡해?"

"한 번도 나 보질 않았어. 시간이 표기되는 대로 바꾸기 때문에 몇 시간 정도는 문제없어. 다른 애들도 다 가져가는데 뭘, 누나는 과일을 좋아해. 얼마 전에는 멜론도 갖다 줄 수 있었어. 재수가 좋았던 날이야."

오노는 창선이 굳이 밤샘 아르바이트를 하는 이유를 알 것 같았다. 그러면서도 공부 시간에 한 번도 졸지 않았다고 생각하니 창선이 대단해 보였다. 오노는 오랜만에 속을 털어낸 것 같아 마음이 가벼워졌다. 반 아이들은 창선을 가까이 하지 않았지만 창선은 나쁜 친구는 아니었다. 듬직한 체구답게 말수도 없었고 쉬는 시간에도 늘 책만 보고 있었다. 이상한 것은 시험 성적은 좋은데 한 번도 상을 받지 못했다는 것이다. 씩씩한 척 한쪽 손을 흔들며 편의점으로 가는 창선의 뒷모습이 길게 늘어졌다.

"오노니? 어디서 놀다 오는 거야? 시간도 늦었는데."

현관문 소리를 들었는지 미랑의 소리가 들렸다. 삐끔히 열린 방문을 밀고 오노는 "헤" 하고 웃었다. 미랑은 책상 위에 한지로 만든 부채를 여러 개 펼쳐 놓고 열심히 그림을 그리고 있는 중이었다.

"다녀왔습니다."

"오노. 설마 게임방서 놀다 온 것은 아니겠지? 요즘 밤마실이 잦아요."

"설마요. 이모님. 친구하고 놀이터에 잠깐 있었지요. 미래 지향적이지요?"

"후후. 오늘 우리 조카님이 안개를 많이 드셨나요? 취하셨네요. 기분이 좋으세요."

"이모. 일 할 게 많아?"

"응. 날이 더워 그런지 부채 주문이 계속 들어오네. 씻고 냉장고에 파인애플 주스 만들어 놨으니 얼음 섞어서 마셔. 할 수 있겠지?"

"물론. 이모도 한 잔 드릴까?"

"그럴까? 잠시 조카님 얼굴이나 좀 볼까?"

"그런데 파인애플 이모가 사 왔어? 아니면 동구 아저씨?"

"그러게. 경비실 아저씨가 주시던데 낮에 동구 아저씨가 맡겨 놓고 가셨나 봐. 어쩌지? 너무 자주 얻어먹어서 미안하네."

"이모도 사 주면 되잖아."

"그럴까? 뭘, 사 줘야 되지? 뭘, 좋아하는지 알아야 사 주지."

갑자기 오노는 쿡쿡거리며 웃었다.

"그 아저씨 말이야. 처음부터 이모한테 반했나 봐. 이모 앞에선 얼굴도 벌게지고 횡설수설하잖아."

미랑은 당황하며 오노를 나무랐다.

"오노. 못 써. 조금 컸다고 어른을 놀리다니."

"아. 이모. 놀리는 것 아니야. 그래 보이거든. 그리고 나 고딩이라구요. 초딩아니라니까. 봐. 어떤 사람은 뒤에서 나보고 아저씨 그러던데."

"뭐?"

미랑은 어이없다는 듯 웃고 말았다.

"그러니까, 이모님도 절 너무 어린애 취급하시면 안 됩니다. 흠흠."

"네. 네. 조카님. 아니 고딩님 아주 벼슬 하십니다."

오노가 제 방으로 들어간 뒤 미랑은 베란다 창문에 기대서서 밖을 내다보았다. 안개는 여전히 부옇게 깔려 있었다. 언제부터였을까. 가끔 아주 가끔 베란다 창문 쪽을 바라보면 희미한 가로등 불빛에 장승같이 서 있던 모습을, 미랑은 그 모습을 알고 있었다. 마주 보이는 공원을 지나 버젓했던 시가지 불빛들이 모두 사그라질 때까지 마치 장승처럼 우뚝 서서 제발. 나 좀 봐 줘. 라는 메시지를 보내 마치 미랑이 눈치 채고 달려 나오기를 기다리는 것처럼, 어둠이 서서히 걷힐 무렵, 자동차 시동 소리와 함께 어디론가 사라지고 마는 그 모습을…… 미랑은 떨리는 손으로 화분 가득히 피어 있는 부추난을 어루만졌다. 하얀 꽃 이파리가 청초하기 이를 데 없는 부추난을 미랑에게 건네 주며 은덕 스님은 말했었다.

"잘, 키워 보세요. 물을 많이 주면 안 돼요. 참 이상한 거야. 마음을 쏟는 만큼 꽃이 피거든. 꽃이 피면 그 아름다움에 폭 빠져 시간 가는 줄도 모르던 때가 있었지. 아름다움을 느낄 때가 가장 좋은 때인 것 같아. 그땐 말이지. 눈물도 많아져서 모든 게 소중한 거야. 모든 것을 다 주어 버려도 아까울 게 없는 무모한 때이기도 하지. 어쩌면 인생의 가장 깨끗할 때인지도 몰라. 그때가 지나면 푸념이 시작되는 거야. 두려움도 자신감도 다 알아버리는 거지. 꽃이 지기 전에 모든 걸 알 수 있고 할 수 있다면 얼마나 좋을까."

쓸쓸함이 듬뿍 배어 있던 말이었다. 품에 안고 있던 오노를 미랑에게 안겨 줄 때처럼 처연한 눈빛이었다.

"이름이 오노예요. 산고를 많이 치렀어요. 그래서 그런지 아기는 잘 보려고 하지도 않네요. 이름을 뭐로 지을까 했더니 오노라고 하더군요. 어린 나이에 고통스러웠을 거예요. 낳기 전에도 많이 힘들어 했거든요."

따뜻한 체온을 뿜어대며 쌕쌕거리며 자는 아기를 보고 미랑은 어찌할 바를 몰랐었다. 자신의 처지가 어떻든 앞으로 운명이 어떻게 될지는 상관없이 먹고 자고 가끔 옹알이하듯 입을 삐죽거리며, 말 그대로 순둥이였던 오노를 신기해하면서도 한편으로는 암담하기 그지없었다. 대쪽 같고 불같던 성격의 아버지를 쉬쉬 속여 가며 속앓이 하던 어머니는 갖은 핑계 끝에 서울에서 그림 공부 하는 딸, 밑반찬 구실 삼아 올망졸망 보따리 끼고 뒤늦게 은덕암으로 올라왔었다. 가슴이 막혀 어찌할 바를 모르던 어머니는 미수 앞에서는 별 내색을 하지 않았으나 절 마당 뒤곁 장독대 옆에 쭈그리고 앉아 소리 죽여 울기 시작했었다. 남의 집이라 대성통곡할 수도 없었고, 어디다 내보일 수도 없는 일이라 가슴을 쥐어뜯으며 숨죽인 채 꺽꺽 울어댔었다.

미랑은 그때 그 모습을 잊을 수 없었다. 어린 나이에 한 입 덜자고 산 너머 또 산 너머 그래 맞다, 산을 세 개나 넘었고 몇 십 리 길을 걷다 나중엔 신랑 될 사람한테 업혀 왔다고 힘이 장사라 장날 저잣거리 소판에선 알아줬다고, 깊은 산골 마을이지만 밭떼기도 논떼기도 한 해 먹을 양식은 거둔다고, 어린 색시는 그날부터 온갖 일을 해야만 했다. 너무 힘이 들어 고향 집이 그리워 살붙이들이 너무 보고 싶어 꿈이라도 꾼 날이면, 도망가고 싶었지만 산짐승 무서워 빼곡히 들어찬 나무마저 무서워

엄두도 못 냈다고 한집에 사는 동서 시집살이에도 주눅 들어 말하기를 잊고 살았던 한스러움이 더욱이 아들도 낳지 못한 채 쌍둥이 딸을 낳았으니, 남편 앞에선 밥 수저 한 번 제대로 들지 못했던 그 심정이 여북했으랴.

"우짤까. 아이고매. 우짤까나. 이 일을. 미랑아 우짤까나잉. 미수 저거 불쌍해서 우짠당가. 서울 가서 공부 하겠다고 뛰쳐나가더니 아이구. 우짤까……"

우짤까…… 우짤까…… 미랑의 귓전에 윙윙거리며 맴돌던 소리. 마치 넋이라도 나간 듯 허공에 너울거리며 춤추는 듯한 허수아비 같은 모습, 그때도 미랑은 어머니에게 해 줄 말이 없었다. 얼굴이 노래지도록 울고 또 울더니 그래도 핏줄인지라 오노를 보면 손에서 내려놓을 줄을 몰랐다.

"미랑아. 내 전생에 지은 죄가 많나 보제. 니들 영특해서 잘될 줄만 알았는디 이게 무슨 일이다냐. 내 짬을 봐서 아버지한테 얘기할 텡게 니가 조금만 고생해야 쓰것다."

미랑은 고개만 끄덕였다. 미랑이 할 수 있는 일이란 어머니 말을 듣는 것 외에는 아무것도 없었다. 다행스러움은 산을 세 개나 넘고 몇 십리 길을 걸어야 했다는 마을은 어머니 기억의 한편이었을 뿐 버스 터미널에 내리면 십 분도 안 되는 거리였다. 소판을 들락거리던 덕분에 이재에 밝았는지, 마을 곳곳에 논밭을 사 둔 덕분에 제법 알부자 소리를 들으며 조그만 시골 구석 유지 행세께나 하던 아버지는 공부 못 한 한스러움이 남았는지 그나마 문중 향교를 들락거리며 점잖은 가풍을 이어온 것처럼 행세하며 매사 엄하게만 보였다.

아버지에 대한 기억이라고는 그게 다였다. 요즘 젊은 아버지들은 대부분 자식과 친하게 지내고 싶어 한다. 여행이라도 갈라치면 옷도 비슷하게 입고 싶어 하고 아이들 취향도 따라 하고 싶어 한다. 아버지라고 불리는 대신 아빠라고 불리고 싶어 하고 심지어 아이들 세계에서 유행되는 어설픈 은어마저 잘 기억하고야 만다. 이를테면 선생님을 샘이라고 한다거나 안 보인다 소리를 잠수탔다거나 짱박혔다고 하는 것 등등, 한동안 생각에 잠겨 있던 미랑은 오노의 방을 살펴보았다. 곤한 잠을 자는지 오노는 아무런 기척이 없었다. 앙증맞은 레이스가 풍성한 스탠드 불빛이 옆으로 돌아누워 자는 오노의 얼굴을 흐릿하게 비추었다. 미랑은 마음이 아파졌다.

오노의 아버지는 누구일까? 살아 있기나 한 걸까? 아니 오노가 있다는 것을 알기나 할까? 오노의 생김으로 봐서 오노와 비슷하겠지. 곧게 뻗은 콧날이 짙은 갈색 머리가, 오노가 이리 착한 것을 보면 그도 분명 착한 사람이리. 적어도 미수가 좋아하고 사랑을 나눈 사람이라면 분명 그러리라고, 미수가 말을 하지 않는 한 오노는 자신의 혈통을 찾지 못한 채 미혼모의 자식으로 남으리라.

은덕암 공양칸에선 모처럼 수다스러운 목소리가 끊이질 않았다. 연천댁이 놀러와 며칠째 머무르고 있는 탓에 화순네는 괜히 분주하기만 했다. 머윗대를 잔뜩 끊어 손톱 사이 진한 갈색 물을 들여가며 얄팍한 껍질 벗기기에 여념이 없는 연천 댁을 흘끔거리다 화순네는 내심 궁금했던 말을 털어냈다.

"여기서 살 거제. 나물 욕심은 예나 지금이나 똑같구만. 다 뽑아 가면 우리 스님 잡술 것 없당께요."

"걱정 마시게. 이바지할 것 가득 하니께. 속 보면 새 순이 그득하다.

올 때는 좋다든만 이젠 갈까?"

"아따. 나야 연천 댁이 있으면 동무 하고 좋제."

분주하던 손을 멈추고 활짝 열어 둔 문 사이로 보이던 하늘을 이맛살을 찡그리며 올려다보던 연천 댁은 한숨을 내쉬었다.

"화순네야. 여기 온 지 얼마나 됐나? 꽤 됐지?"

"맞당께요. 새삼 아득한 게 얼마 된 지도 참말 사는 게 다 그렇당께요. 발붙이고 살다 보니 정들고 그러다 보면 고향이나 한가지제. 별것 있당가. 고향이라고 해 싸도 묵은 묏등밖에 더 있당가요. 내보다 오래 산 사람들 다 가 버리제. 이젠 내가 오래 사는 거제. 눈앞에 아른아른하니 떠오르는 거야 생각뿐이고 가 보면 아무것도 없당께. 길도 없어지고 문 두드릴 곳도 없어지고 말 부칠 동무도 없어지고. 참말로…… 그러네잉."

한숨 쉬듯 띄엄거리는 말 속에 눈물이 잔뜩 깔려 있는 듯했다.

"세월이 웃긴당께. 젊은 낯으로 봐 줄 만할 땐 꿈속에 어미도 아비도 잘도 나타나쌓든만 내가 늙으니까 내 부모 얼굴도 희끄므리한 게 가물가물한 것이 갈수록 물러터지는, 요 두 눈맨큼이나 어둡기만 해쌓고, 휴…… 참말 꼬맹이제…… 무슨 철이 있었당까. 그 놈의 보릿고개…… 줄줄이 달린 새끼들 먹을 것만 보면 달려들제…… 요즘 같으면 먹지도 않는 날된장에 퉁퉁하니 질축한 깡보리밥을 비벼, 하루 세끼 배부르기도 무서워 달거리도 비추기 전에 밥술이나 뜬다 치면 그냥 보내지 않았겠소. 말이 좋아 시집이고 민며느리제. 다-아. 제 복이랑께. 누구는 팔자 좋아 나이 차도록 수발 다 받고 자리도 골라 시집도 잘 가든만 참 그놈의 복아지…… 얌창머리도 없당께요. 이제껏 살면서도 복 이란 게 뭔지 잘 모르겠당께. 그 복이란 게 어찌 그리 비켜 간다요…… 납작하니 검정 고

무신 질질 끌고 생전 보지도 못한 나이 든 사내 등에 업힌, 그날부터 시커먼 가마솥에 불 때서 소여물부터 끓여대지 않았겠소. 서방이 상전이고 시부모 헛기침 소리만 나도 심장이 오그러들기만 했당께."

"그래. 맞다. 그런 시절이 있었지. 그런 것 보면 요즘 젊은 애들은 참 편한 세상도 살구만. 그래도 웬 불만이 그리도 많은지 휴…… 나이 들면 다 헛것이지. 바둥거려 살아 볼 땐 좋은 날 기대하며 살기도 했건만 육신 녹슨다 치니 만날 밖으로 빙빙 돌잖나."

풀 죽은 듯한 연천댁의 말투에 화순네는 껄껄거리며 웃었다.

"별 말씀도 다 하신다요. 그 뭐라드나. 우리 오노가 그러든만. 나이는 숫자에 불과하다냐…… 아직도 입술에 빨건 연지 바른 거 보면 각시랑께. 말이야 났으니 말이제. 연천 마님 세상에 부러울 게 뭐 있다고…… 돈 많제. 땅 많제. 아들 떡 하니 듬직하제. 공무원은 철밥통이라고 하든만. 손주들 쑥쑥 크겄다. 뭐 걱정이라고……"

연천 댁은 손을 휘휘 저으며 정색을 했다.

"아니야. 몰라서 그래. 다-아 속 아픈 말이구만. 아들이고 딸이고 입안의 사탕처럼 키워 놓으면 뭘 하나. 지들 잘 나서 큰 줄 알지. 지들 식솔들 밖에 모른다니까. 쯧……"

"워매. 뭐시 서운해도 단단히 서운하시구만. 아무리 지들 잘났다 해도 부모 맘이사 얼마나 채우고 산다고 우리네도 시집온 그날로 시갓집 붙박이 귀신처럼 살았당께요. 친정 문지방은 생각도 못 하고 살다 보닝께 서방하고 새끼들 밖에 눈에 안 보이든만 똑같은 거제. 맘 터시랑께."

"우리 영감님 살아 계실 때 그래도 깍듯하니 숨도 골라가며 쉬는 것 같든만…… 영감님 돌아가시고 나니 갑자기 미치깽이 병이 들었나. 우리 영감…… 손톱 자라는 걸 내 한 번도 보지 못했네. 새벽이면 산자락 파헤치고 길 만들고 건너 내 한 번 건너면 고향땅이라며, 이 바닥을 뜰 생각도 못 하고 약주라도 하시면 멀지도 않은 땅, 울지도 못하고 속앓이만 하다 그래도 두고 온 피붙이 찾아오면 편하게 호강하며 오순도순 살겠다고 거치른 땅, 반지르하니 옥답으로 만들어 놓으니 시세 좋을 때 팔아야 한다고 곶감 빼먹듯이 다 팔아 챙기고, 성냥갑 같은 아파트 사서 번질한 차 몰고 다니면 뭘 하나. 며느리사 만날 부녀회다 뭐다 해 쌓드니 뭐 무슨 브랜든지 명품인지 옷가게 떡하니 차려 놓고 집안일은 손도 까딱 안 해요. 어디서 삐죽한 강아지는 가져와서 집안에 들어서면 개 냄새 나지. 으이구……"

말 하다 말고 눈가로 손을 가져가는 연천 댁이 왜 갑자기 은덕암에 올라와서 며칠씩 머무르고 있었는지 화순네는 알 것만 같았다.

"우리 영감님 조금만 더 사시다 갈걸. 내 무슨 힘이 있다고 나만 남겨두고 가누. 나이 먹은 자식 앞에 밥이나 축내는 뒷방 노인네 마냥 눈치만 살랑살랑 보게 될 줄…… 그래두 말이우. 내 앞으로 얼마간 묶어두시고 가질 않았겠나. 절대 아무도 주지 말라고…… 꼭 쥐고 살라고 신신당부 하시든만 다 이런 사단이 날라고 미리 아셨는지, 걸핏하면 돈 같고 싸우는 꼴 보면 내 속이 뒤집어질 때가 어디 한 두 번인가……"

"위로가 될랑가 모르갔당께. 나사 우리 미수 때문에 이렇게 살지만 어쩐다요. 나도 처음엔 기도 막히고 여북했갔소. 참말 우리 스님 같은 분 만나 마음 의지하고 사니 신간 편하당께. 살다 보니 내가 영화 속의 주인공 같다요. 너무 분해 하지 마시랑께. 일전에 어디 멀리서 왔다든가 처사님 한 분이 불공드리고 갔제. 안주인이 몸을 못 쓰고 누운 지 몇 해 됐다고 참말.. 자식들은 버젓하니 잘들 산다고 하든만 제 어미를 요양원에 보내자고 해 쌓서 그 처사님이 기가 막혀 맘이 상해 우시드랑께. 당신 죽기 전에 집사람이 먼저 죽어야 한다면서 말이제. 참말 짠합디요."

"쯧…… 그자식이나 이 자식이나 부모 등골 빼 먹고 살았을 거구만. 지들은 안 늙고 살 줄 아남."

"맞당께요. 앞일을 우찌 안다고 지난 일은 아픈 것도 다 잊는 법인디, 등골 빼 준 거 당연하다고 생각하제. 자식은 절대 부모만큼 해 주지 못한다니…… 효자니 심청이니 하는 말은 다-아 옛말이구 헛말 같당께."

"그런데.. 미수는 좋아진 것도 같고 영 모르겠네. 참하니 꽃같구만. 쯧.. 뭔 전생의 업이 많아서……"

"내. 그냥 애기라고 생각한다요. 참말…… 죽을 때까지 품안의 자식이니 그래 생각하니 걱정될 것도 아무것도 없승께 참말 좋지라. 날도 무십네. 뭐시 이래 덥다냐. 스님은 법당에서 뭘 하시는지 꼼짝도 안 하신당가."

미수 얘기가 나오자, 짐짓 말꼬리를 다른 데로 흘려버리며 화순네는 부스스 일어섰다.

"내, 가지나 따러 간당께요. 밥 위에 폭 쪄서 조물조물 무치면 쓰갔네. 고추가 약이 올라서 맵쌀 하든만 여린 놈으로 범벅이나 해야제. 올해는 해도 더 긴 것 같고 날씨도 이리 찌구만. 우리 아그들은 더위나 안 묵었다냐."

텃밭에 조랑조랑 매달린 여린 가지들을 골라내던 화순네는 눈물이 왈칵 쏟아졌다. "그러게요. 있으면 있는 대로 없으면 없는 대로 편한 집 없다든만 그래도 자식에게 화를 내고 할 말이 있는 연천 댁은 살만 하제.

뼈 빠지게 고생하고 살았다 해도 난 내 자식들에게 화도 못 내고 우리 영감도 고생하고 살다 갔지만 자식 좋은 꼴도 못 보고 내보다 낫당께. 그래도 젯밥 차려줄 아들이라도 있으니 든실하니 얼마나 좋당가."

갓난아이 옹알이하듯 중얼거리며 마디마디 주름진 손 등으로 눈가를 훔치던 화순네는 저녁 햇살이 가득 퍼진 하늘을 눈부신 듯 올려 보았다. 금빛으로 번뜩이는 하늘은 똑같았다. 세상이 변하고 모든 것이 바뀌어 가는데 하늘은 언제나 똑같았다. 하늘 속에 또 다른 세상이 있을 것만 같았고 나보다 먼저 간 사람들, 먼저 가서 길 닦고 나무 심고 밭 갈고 논 갈고 서로 품앗이 해 가며 그렇게 살고 있을 것만 같았다. 그러니까 꿈에도 보이지. 그러니까 제사도 지내고 그러지. 그네들이 저 구름 속에서 자신을 내려다보며 기다리고 있을 것만 같았다.

첫사랑

*

지연이…… 오랜만에 만난 지연의 모습은 날 당황하게 만들었다. 물론, 어렸을 때부터 유독 멋을 내는 편이긴 했지만 지연의 모습에 난 조금도 익숙해지지도 편안해지지도 않았다.

지연이 하는 모든 것에 왠지 거리감이 들었고 도시적으로 변해버린 데 비해 지독한 초췌함을 느껴야 했던 나는 알 수 없는 고독감 속으로 빠지기까지 했다. 한 가지 분명한 사실은 지연이를 좋아하고 있다는 것이었다. 샘이 많고 지기 싫어하는 성격의 지연이. 알고 보면 착하다.

아…… 가슴이 뛴다라는 것, 바로 이런 거였을까*

'오노. 안녕…… 나. 주말이라 오랜만에 집에 왔거든.'

휴대폰 메시지를 읽으면서 오노는 가슴이 두근거렸다. 큰 비밀이나 된 듯 조심스럽게 지연이 보낸 메시지를 읽고 또 읽었다. 지연이와 만나기로 약속해 놓고 왠지 신이 난 듯한 오노의 모습이 미랑의 눈에도 달리 보였는지 미랑이 슬쩍 말을 건넸다.

"오노. 오늘은 말끔하네. 웬일이지…… 티셔츠도 새로 산 것 입구…… 흠. 어딜 가시나?"

"아니…… 아니. 그냥. 요 앞에 창선이 만나러…… 뭐 별일 아니……"

"난, 별말 안 했는데? 왜 얼굴이 벌게지지? 이상하네."

"아, 이모. 금방 올 거야. 놀이…… 놀이터에 있을 거야."

미랑은 쿡쿡거리며 웃었다. 자신보다 더 큰 녀석이 미랑의 놀림에도 평소와는 달리 흠칠거리며 어쩔 줄 몰라 하는 모습이 깡마른 토끼 같아 우습기도 하고 귀엽게만 보였다.

"그러게. 누가 뭐래나. 참. 아이스크림 값이라도 줄까?"

"그 정도는 있어. 아니…… 됐어. 다녀오겠습니다."

황급히 현관문을 닫고 엘리베이터 버튼을 누르며 오노는 "휴" 하고 한숨을 내쉬었다.

"이모는 족집게라니까. 뭐든 금방 알아챈다니까."

지연은 지하철 역사에서 만나자고 했었다. 왜 하필 지하철 역사에서 만나자고 했는지 궁금했지만 묻지 않았다. 어릴 때부터 살던 동네라 아는 사람이 많아서일 거라고 생각했기 때문이었다. 역 구내에는 사람들이 많지 않았다. 오노는 두리번거리다 순간 자신의 눈을 의심하지 않을 수 없었다. 오노의 기억에 있던 지연의 모습과는 너무 달라진 지연의 모습이 잠시나마 오노를 주춤거리게 만들었다.

"오랜만이야. 오노."

"으..응.. 그래. 그런데 너……"

지연은 깔깔거리며 웃었지만, 오노는 슬며시 기분이 나빠졌다. 마치 지연이 자신을 바보 같다고 생각하고 있는 듯한 묘한 느낌이었다. 통통했던 양 볼은 쏙 빠진 채 갸름하니 커다란 쌍꺼풀 하며 보기에도 안타까울 정도로 마른 몸에 허벅지 위로 쑥 올라간 치마 길이는 도무지 지연이라고 생각할 수 없었다.

"놀랬지? 나 많이 변했지? 어때? 봐 줄 만하니?"

지연은 예전과 똑같이 오노에게 물었다.

"응……이뻐."

지연은 큰 소리로 웃었다.

"그럴 줄 알았어. 오노. 네가 그렇게 말할 줄 알았어. 넌. 정말 변함이 없구나. 하지만 말이지. 넌 여전히 멋져."

어딘지 모르게 많이 달라지고 성숙해진 지연은 씩씩하고 당돌했던 꼬마가 아니라 어엿한 숙녀였다. 오노는 낯선 지연의 모습에 당혹감을 느끼면서도 가슴이 두근거렸다. 둘은 역사 반대편으로 나와 얼마 전만 해도 콩밭과 감자밭이며 옥수수가 빼곡히 심어졌던 자리에 아담한 건물들이 즐비하게 들어선 길을 따라 걷기 시작했다. 달라진 주변의 모습에 지연은 찬사를 쏟아내기 시작했다.

"어머. 세상에…… 어쩜 이렇게 달라질 수가 있어? 뭐야. 그새, 콩밭도 감자밭도 하나도 없네. 어? 오노. 저기 말이야. 아직 그대로 있네."

지연이 호들갑스럽게 가리킨 곳은 낡은 슬레이트 지붕에 담이 다 무너진 허름한 집이었다. 묘하게도 아주 오래된 듯한 커다란 라일락나무와 조팝나무가 마치 한 쌍이듯 기묘한 조화를 이루고 있었다. 마당에는 녹이 슬 대로 슨 펌프가 커다란 항아리 옆에 장식마냥 서 있었고 개망초며

달개비 등 이름 모를 잡초들이 무성히 자리 잡고 있었다.

"오노, 너.. 여기 몰라?"

"응. 가끔 지나치기는 했지만 들어가 본 적이 없어서……"

"여기 말이야. 혹시. 너도 알지도 몰라. 창선이라고 그 애네 집이잖아. 그 애 할아버지 고물상이었거든. 꽤 컸는데. 그래도 말이지. 마당은 이뻤거든. 저 나무 말이야. 꽃을 엄청 피워 냈었어.. 창선이 할아버지가 무지 아끼시던 나무라든가. 고물상 해서 돈도 많이 벌었다든만."

"그럼, 넌. 창선이 알고 있었단 말이야?"

"응. 초등학교 때 같은 반인 적도 있었고 우리 할아버지랑 가끔 장기도 두시고 저기 마당에서 술도 드시고 콩이나 감자도 가끔 주시던 걸."

"지금, 창선이 나하고 같은 반이거든."

"정말? 그 애 어때? 착하지."

"응. 좋은 친구야. 편의점 아르바이트 하고 있어."

"어머. 그랬구나."

오랜만에 만난다는 설렘과는 달리 싱거운 만남이었다. 예전과 달리 주변 사람들의 눈치를 본다든가 말투에서 행동 모두가 오노에게는 낯설기만 했고 뭔지 모르게 거리감이 들었다.

지연과 헤어지자, 오노는 갑자기 막막한 기분이 들었다. 끝없는 사막에 홀로 서 있는 듯한, 마치 커다란 고뇌 덩어리를 양쪽 어깨에 짊어진 듯한, 그러면서도 허탈한 기분이 발길을 엉뚱한 곳으로 이끌어 가고 있었다.

"휘이익. 어라. 누구시더라."

탕제원 안에서 열심히 일을 하던 동구는 가게 문 앞에서 주춤거리던 오노를 보고 반색을 했다. 기분 좋을 때면 짧은 휘파람 소리를 내던 동구의 버릇은 여전했다. 가게 안은 한약 다리는 냄새로 가득했다. 머쓱했지만 오노는 동구가 권하는 대로 손님 접대용 소파에 앉았다. 동구는 따뜻한 차를 오노 앞에 놓았다.

"마셔봐. 동구 표 약 차야. 이래봬도 효능 만점이거든."

엄지를 들어 보이며 한쪽 눈을 찡긋하는 모습에 오노는 피식 웃었다.

"안 어울리거든요. 너무 귀여운 척 하지 마세요."

"어라. 샌님인 줄 알았더니 세졌네. 뭐야. 고딩이라 이거야."

"이모하고 똑같은 소리. 재미없는 거 아세요?"

"그랬어? 이모도 같은 소릴 했단 말이지? 역시. 우린 통 하는 데가 있다니까."

"후- 닭살."

"뭐? 닭살. 오노. 동구 표 맛밤. 맛 좀 볼래?"

동구는 오노에게 주먹 밤을 먹이는 시늉을 하다가 갑자기 진지한 표정을 지었다.

"오노. 혹시. 이모 심부름 온 것 아닐 테지? 내가 보고 싶어서 온 것은 더욱 아닐 거고."

오노는 얼굴이 벌게졌다. 자신이 왜 동구를 찾아왔는지 이유를 몰랐다. 대답을 하지 못하는 오노의 어깨를 툭 치며 동구는 휘파람 소리를 냈다.

"자. 자. 우리 나가자. 마침. 오늘 일도 끝났고 바람이나 쐴까."

둘은 걷기 시작했다. 한가해 보이는 시장 골목을 빠져나와 영어로 가득 찬 간판들이 즐비한 상가 거리를 지나칠 때까지도 오노는 동구에게 할 말을 찾지 못했다. 다리가 보이고 강변 둑으로 내려설 때까지도 자신이 동구를 찾아온 이유를 고민해야만 했다. 오노에겐 기분 나쁜 하루였다. 오노는 뭔가 억울해졌다. 잔잔한 물결을 바라보며 동구는 기지개를 켰다.

"오노. 여기 말이야. 나. 어렸을 때 다리 대신 왜 징검다리 알지? 이만한 돌멩이로 건너다녔거든. 비가 많이 와서 물이 불어나면 미군들이 작은 보트 같은 걸로 태워 주기도 했었어. 그땐 냄새도 안 났었는데…… 여름이면 물장구도 치고 아무튼 좋았어. 지금처럼 해가 질 무렵이면 강물이 해를 먹어 반짝반짝 빛나면서 아주 죽이는 거야. 어때? 좋지?"

오노는 고개를 끄덕였다. 동구의 어렸을 때와는 달리 잘 포장된 자전거 도로가 있었고 한 뼘의 땅이라도 뿌리만 자랄 수 있는 곳이면 무턱대고 심었던 호박이나 깻잎 등 먹거리 대신 일부러 씨를 뿌렸을 이름 모를 꽃들이 가득한 강변은 신도시에 걸맞게 잘 꾸며져 있었다. 사람들은 물장구 대신 배드민턴을 즐겼고 농구나 축구를 하며, 깡총거리며 건넜을 돌멩이 위를 자전거나 차로 다녔다. 일부러 다리 위를 걸어서 가는 사람은 없었다.

"그땐. 모든 게 귀했던 것 같아. 초등학교 때 가방 대신 보자기로 책을 싸서 여자애들은 허리춤에 남자애들은 어깨에 이렇게 비스듬히 메고 다녔거든. 인심도 좋았어. 어쩌다 미군들한테 건빵이라든가 초콜릿을 얻게 되면 하하…… 이런 말 하면 뭐 하지만 최고의 먹거리였거든."

오노로서는 이해하기 힘든 시절의 이야기였다.

"자. 오노. 이제. 네. 차례야. 여기까지 내 전설의 요만큼이거든. 너도. 네. 전설을 토해 봐."

오노는 대답 대신 '씩' 웃었다.

"지연이를 만났거든요."

"지연이? 연천 할머님 댁 손녀 말이지?"

"네. 서울로 전학간 지 꽤 됐는데 정말 오랜만에 만났어요. 그런데…… 너무 많이 변해서 저도 잘 모르겠어요."

"어떻게 변했는데?"

"많이 마르고 얼굴도 조금 달라지고 말하는 것도…… 아무튼 뭐가 뭔지 잘 모르겠어요."

"너. 지연이 좋아하니?"

오노는 눈을 크게 뜨며 정색을 했다.

"아니면 네가 거리감 둘 일이 없잖아. 그리고 여자들이란 남자하고 달라. 성숙해지는 속도가 빠른 것 같아."

"서울에서 학교를 다녀 그런지 제 자신이 초라하게 느껴졌어요. 왠지. 똑똑해 보였고…… 아무튼 그게 다예요."

"헐. 그게 다야? 그래서 나 보러 온 거야?"

오노는 또 웃었다.

"오노. 내가 보기엔…… 흠. 너. 누굴 좋아해 본 적 있니? 당연히 이모 빼고 말이지."

"한번도.. 그리고 지연이 좋아한다는 생각 아직 해 본 적 없는데 어릴 때부터 친한 친구일 뿐인데."

"좀. 지켜봐야 될 것 같은데. 통과. 자. 그럼. 다음 문제는?"

"뭘. 해야 할지 모르겠어요. 조금 있으면 졸업반인데 아무 생각도 나질 않아요."

"대학 가야잖아. 일단 수능 시험을 잘 봐야 하고 성적도 좋아야 하니까 공부를 열심히 하는 수밖에 없잖아."

"그건 알아요. 이모도 그렇게 말했고 할머니도 스님도…… 모두들 절 어린애 취급해요."

"그건 말이지. 네가 아직 학생이기 때문이야. 거 있잖아. 신분의 차이라는 말. 헐…… 좀 우스운 말 같지만 자신의 일에 충실하면 그게 기반이 되는 거야. 나도 너 같은 생각을 하며 고민할 때가 있었지. 하지만 내게 주어진 일 외에 아무것도 할 수 있는 능력이 없었어. 오노. 생각처럼 세상은 온순한 게 아니야. 때로는 말이지. 거대한 폭풍 같기도 하고 물 한 모금 먹을 수 없는 사막 같기도 하고 향기롭고 달콤한 과일 같기도 해. 뭘 할 건지 고민하는 일은 조금 더 후에 하는 게 좋을 것 같고…… 어때? 통과?"

오노는 대답 대신 고개를 끄덕였다. 사실은 동구의 말이 잘 이해가 되질 않았지만 그냥 넘어가리라 생각했다. 오노의 표정이 석연치 않게 느껴졌는지 동구는 멋쩍게 말했다.

"오노. 이건 비밀인데 우리만 알기다."

"그럼요. 절대. 비밀이죠."

"나. 가출한 적 있었거든. 그것도 고3 때 말이야. 공부는 하기 싫지. 대학은 가야 된다고 하지. 뭘 해야 할지 꼭 너 같은 생각을 하며 방황했었지."

"그래서 어떻게 하셨어요?"

"그래. 그런데 말이다. 따라 하기 없기다. 알지?"

"그럼요. 절대. 아니죠."

"공부 안 해도 다른 일을 하면 잘 살 것 같았어. 내 생각엔 뭐든 자신 있었거든. 그런데 아니었어. 뭐라고 딱 집어 말할 수는 없지만 내 머리하고 맞지 않았다는 거지. 우물 안 개구리였던 거야. 세상은 그리 어수룩한 게 아니야. 준비가 되어 있지 않은 사람에겐 말이지. 춥고 배고프고 목마른 곳이야. 지금 생각하면 참 무모한 짓이었어. 결국 그해 대학을 못 갔어. 덕분에 우리 노인네 눈칫밥 먹으며 시키는 대로 죽어라 재수했지만 원하던 일을 하지는 못했어."

"왜요?"

"난. 산이 좋아. 내가 태어난 이곳이 좋고 지금 생활에 만족하거든. 우리 노인네 따라 산속에 숨어 있는 약초를 캐다 보면 신기하기도 하고 시끌벅적한 도시라든가 늘 시간에 쫓겨 사는 일은 너무 따분한 것 같아서. 어때. 나의 비밀?"

오노는 밝게 웃었다. 동구는 오노의 어깨를 가볍게 두드렸다. "자식. 샌님 같더니 많이 컸어." 하며 대견한 듯 웃어 보였다.

"오노. 우리 저녁 먹으러 갈까? 내가 쏠게. 먹고 싶은 것 말해."

"아니에요. 이모가 기다릴걸요. 아…… 같이 가실래요?"

"정말? 아.. 아니지. 불쑥 가면 이모가 싫어할지도 몰라."

오노는 쿡쿡거리며 웃었다.

"실은 가시고 싶은 거죠? 같이 가죠, 뭐. 제가 책임질게요."

"뭐. 굳이. 그래. 좋아. 그런데…… 내 밥이 있을까?"

오노는 동구의 그런 면이 좋았다. 똑똑해 보이진 않지만 우직하면서도 진솔한 모습이 믿음직스러웠다.

"어머? 어떻게. 같이……"

현관문을 열어주다 둘을 보고 미랑은 놀랐다. 동구는 머쓱해진 얼굴로 오노를 보았다.

"아니, 그냥. 내가 오자고 했어."

"미, 미랑 씨. 폐.. 폐 끼칠 생각은 아닌…… 아니. 저…… 어쩌다 보니……"

안타깝게도 동구는 미랑이만 보면 말을 더듬으며 수줍어했다. 오노는 도리질을 하며 넉살을 부렸다.

"쯧쯧. 병이야. 병. 우짤까나잉. 이모. 밥. 있당가?"

화순네의 말투를 흉내 내며 식탁 위의 밥솥을 열어보는 등 부산을 떠는 오노를 보며 둘은 묘한 표정을 지었다. 오노는 동구에게 한쪽 눈을 찡긋해 보였다.

미랑이 식사 준비를 하기위해 앞치마를 두르자, 의자에 앉아 있던 동구는 벌떡 일어섰다.

"미랑 씨. 저도 돕겠습니다. 이래봬도 못하는 음식이 없습니다. 우리 집. 취사 담당은 저 아닙니까."

"앉아 계세요. 남자분이 더구나 손님이신데……"

"요즘 남자, 여자가 어디 있습니까. 일 하지 않는 자는 먹지도 말라고 했습니다."

동구의 억지에 오노는 배를 잡고 웃었다. 미랑은 간신히 웃음을 참는 듯했다.

"그래도 앉아 계세요. 카레를 만들 건데 별로 손 갈일이 없어요. 카레 괜찮으시죠?"

"카레? 아. 좋지요. 오랜만에 별미 중의 별미 같습니다. 감자라도 깎아 드리겠습니다."

동구의 하는 양을 보다 못해 오노는 동구를 끌다시피 거실 소파에 앉혔다.

“너무, 심하신 것 아니에요?”

“내가 뭘. 흠흠.”

“우리 이모. 좋아하세요?”

오노의 물음에 동구는 목소리를 낮추었다.

“그래 보여?”

“네. 모르세요? 좀…… 지나칠 정도로요.”

“다. 그런 거야. 특별한 사람에겐.”

“특별한 사람요?”

“그래. 특별한 사람에겐 모든 걸 주고 싶어지는 거야. 넌. 영화도 안 봤니?”

“에로 영화요?”

“짜아식. 어른 놀리면 주먹 밤이다.”

“히힛…… 아무튼 이모 좋아하시죠?”

“너…… 정말.”

“아. 너무 신기해서 그래요. 시트콤 같아요.”

미랑이 만들어준 카레에 동구는 연신 감격해했다.

“이렇게 카레가 맛있는 음식이라는 것 오늘 처음 알았습니다. 미랑 씨 덕분에. 군대에 있을 때 먹던 맛과는 비교도 되지 않을 정도로 맛있습니다.”

오노는 간신히 웃음을 참았다.

“감사해요. 맛있게 드셔주셔서. 진작 식사 대접이라도 해 드려야 했는데. 갑자기 오시는 바람에 해 드릴 게 마땅치 않아서."

"무…… 무슨 그런 말씀을. 아주 훌…… 훌륭한 맛이었습니다. 더욱이 오랜만에 가족과 함께하는 기분 같아서……"

"네?"

"아니, 제 말은 우리 노인네하고 둘이 먹다가 이렇게 셋이 먹으니 그게 좀. 말이 이상하게……"

"네…… 그렇군요. 저희도 오노하고 둘이 먹다가 동구 씨가 계시니 식탁이 꽉 찬 느낌이에요. 과일 드시겠어요? 차는 커피가 좋을까요?"

"저는 아무거나……"

"이모. 설거지는 제가 할게요."

"그래. 오노. 설거지는 네가 하렴."

미랑이 차를 준비하는 동안 동구는 자그마한 거실을 둘러보았다. 하얀색 벽지에 미랑이 그림직한 그림 몇 점이 걸려 있었다. 나무와 산, 물이 흐르는 계곡, 그중 유난히도 연자색 목단에 눈길이 갔다. 다른 그림과는 달리 수려한 자태의 목단은 마치 불속에서 뜨겁게 달구어진 듯 농염함을 흐드러진 꽃잎 사이로 몇 줄의 시어와 함께 침묵을 지켜내고 있었다.

너,
사랑하는 자.
그 모두를 알고 있는지.
널 기억하던
머리 속의 작은 뇌는

가슴 터질 듯한 사랑이라는 것
순간이라는 말로써 잊기를 원하지만
가끔은, 네 이름을 생각하기보다
그저, 이렇게 불러본다.
너.
사랑하는 자.

동구는 시를 읽으면서 왠지 마음이 아파졌다.

"아. 그거 별것 아니에요. 어느 책에서 본 시예요. 별 생각 없이 그림 그리다 적어 놓은 것뿐이에요."

미랑은 대수롭지 않게 말하며 동구 앞에 과일 접시와 커피를 놓았다.

"그림이 좋네요. 난 그림을 잘 모르지만 흠…… 뭐라고 해야 하나. 아…… 미랑 씨 닮아 조신하고 또. 그…… 그래요. 곱구요. 헐…… 왜 말이 생각이 잘 안 나서……"

"너무 잘 봐 주시네요."

미랑은 웃었다. '이 사람은 순수한 데가 많아.'라고 생각하며 커피잔을 드는 순간, 손목에 통증을 느꼈다. 커피잔이 바닥에 떨어지면서 옅은 갈색물이 바닥에 뿌려졌다.

"앗. 괜찮으세요? 어디 봐요."

동구는 벌떡 일어나 미랑의 손을 살폈다.

"괜찮아요. 다행히 커피잔이 깨지지 않았네요."

"뜨거울 텐데 데이진 않은 것 같아요. 그런데…… 미랑 씨. 손이 아파요? 왜? 힘이 안 들어가죠?"

미랑은 동구의 물음에 당황하며 얼버무렸다.

"아니…… 저…… 가끔……"

"병원에 가 보시긴 했어요? 잠깐요."

동구는 미랑의 손가락과 손목의 혈을 눌러보며 지그시 눈을 감았다. 미랑은 아픔을 참는 듯 이맛살을 찡그렸다. 주방에서 설거지를 하던 오노는 금방 일어난 소동에 놀라서 멍하니 동구의 하는 양만 지켜보고 있었다. 동구는 입고 있던 점퍼 주머니에서 작은 통을 꺼냈다.

"겁내지 마세요. 수지침이에요. 아프진 않아요. 내일 가게로 오시겠어요?"

"내일요?"

미랑은 우두커니 서 있는 오노를 돌아보며 미소를 지었다.

"오노. 놀랐구나. 아무렇지도 않아. 실수한 것 뿐이야."

"아저씨. 이모. 괜찮은 거죠?"

사뭇. 진지한 표정이었던 동구는 오노의 걱정스런 물음에 껄껄 웃었다.

"염려하지 않아도 돼, 오노. 든든한 내가 있잖아. 어때요? 미랑 씨. 한결 가벼워졌죠?"

"어머? 정말. 그러네요. 침은 언제 배우셨어요?"

"이래봬도 한의 출신입니다. 우리 노인네, 침 도사예요. 어릴 때부터 봐 온 탓에 어깨너머 도둑질 한 거죠. 완전 돌팔이는 아니니 믿으셔도 됩니다. 흠흠."

일부러 익살스럽게 말을 했지만 동구는 마음이 무거워졌다. 그만 가봐야겠다며 일어서는 동구를 배웅해 주겠다며 미랑이 따라 나섰다. 별들이 유난히도 빛나는 밤하늘이었다. 미랑은 "후" 하며 숨을 들이켰다.

"공기가 맑은 곳이라 그런지 동두천 하늘의 별은 맑기만 해요. 이곳이

고향이라고 그러셨죠?"

"네. 하늘아래 첫 동네라고, 감악산 산속에서 태어났어요. 사람들이 그렇게 불렀대요. 워낙 깊은 산속이고 높았다나 봐요. 우리 노인네…… 할 줄 아는 것은 산을 타면서 약초 캐고 달이는 일밖에 모르잖아요. 어머니 얼굴도 기억 못 하지만 나 때문에 산을 내려오신 것 같아요."

"어머님께서 돌아가셨군요."

"두 돌도 되기 전이라 하니까…… 하하…… 뭐. 기억에 남는 게 없어요. 어떻게 돌아가셨는지 말씀도 안 해 주시고 오래된 사진만 몇 장 있을 뿐이죠."

"미안해요. 괜히. 고향 얘기 꺼내서."

"아니. 아닙니다. 하나도 마음 아프지 않다니까요. 정.. 정말."

"호호. 또 말씀 더듬으실래요? 가끔 그러셔요."

"헐. 미랑 씨 앞에서는 괜히 조심스러워져서."

"안 그러셔도. 돼요. 편히 말씀하세요. 그리고 오늘 정말 고마웠어요."

"뭐. 그런 것 가지고. 그런데…… 아, 아닙니다."

"말씀해 보세요."

"혹시, 알고 계시나 해서요. 제 생각인데요. 손만 아프신 것 아니죠? 오래된 것 같은데."

미랑은 잠시 머뭇거리다 힘없는 말투로 말했다.

"그래요. 동구 씨가 생각하시는 게 맞아요. 언제부터인지 기억도 나질 않아요. 처음엔 팔이 조금씩 무거운 듯하다가 저리는가 싶더니 아프더라구요. 그땐 너무 그림을 많이 그려서 그러나 보다 하고 가볍게 넘겼죠. 손가락뼈까지 아파 올 때 그때서야 겁이 나더군요. 어느 때는 자다가도 아픔을 느껴요."

"병원엔 가 보셨어요?"

"네. 신경성이라고 그러긴 하던데 한동안 주사 맞고 약 먹고 했었는데 요즘은 약도 안 듣는 것 같아요."

"오노는 모르는 것 같던데."

"그 애 앞에선 아픈 모습을 보이기 싫어서요. 제 엄마 아픈 모습만 봐 왔는데…… 오노에겐 슬픔 같은 것 주고 싶지 않아요."

"우리 노인네와 은덕암에 간 적이 있었어요. 약 배달하러요. 전엔, 혼자 다니셨는데 이젠 힘이 드셔서 그런지 동행할 때가 많지요. 미랑 씨 동생 분을 본 적이 있어요. 많이 닮으셨더군요."

"어머니께서 말씀하셨어요. 용한 침쟁이 노인네가 동구 씨 아버님이셨군요. 미수가 많이 건강해졌다고 몇 번이나 귀띔 하시더니……"

"지금처럼 병원이 많지도 않았잖아요. 제가 어릴 땐 말이죠. 사람들이 급하면 아무 때고 대문을 두드리는 바람에 한밤중에도 잠을 설칠 때가 많았죠. 뭐 그래봐야 발을 삔다든가 급하게 체했다든가 아니면 신경성이라든가 가벼운 병들이었지만 덕분에 용한 침쟁이 아들 됐죠."

"저…… 부탁이 있어요. 은덕암에 가시더라도 오늘 일 말씀 안 하셨으면 좋겠어요. 오노에게도요."

동구는 대답 대신 고개를 끄덕였다. 그것도 부탁이라고 하는 미랑이 안쓰럽기만 하였다. 미랑의 손목은 차가웠었다. 맥박이 희미해 잘 잡히지도 않던 하얀 손목은 분명 붓기가 있었다.

"편한 잠 자 본 적이 언제인지 몰라요. 몇 번인가 자다 깨다 하다보면 어느새 날이 밝아요. 기분 좋은 아침을 맞이한다는 것이 얼마나 행복한 일일까. 하고 생각해 본 적도 있어요.”

동구는 미랑의 말이 생각나 밤새 뒤척이며 잠을 이루지 못하였다.

“나. 너희 집. 가 본 적 있어.”

“네가? 언제?”

“며칠 됐어. 일부러 간 건 아니구. 길을 지나다 너희 집인 걸 안 것 뿐이야.”

커다란 벚꽃나무 밑의 나무 의자는 둘만을 위한 비밀스런 아지트가 되어 버렸다. 간혹, 산책을 한다든가 운동을 하는 사람들이 지나가곤 했지만 굳이 의자에 앉는다거나 흘끔거리며 쳐다보는 사람도 없어 둘에게는 아주 편안한 장소였다. 창선은 비스듬히 등을 기대고 다리를 쭉 뻗은 채 한쪽 손에 든 캔 맥주를 이따금씩 홀짝거렸다. 오노는 창선이 맥주를 들이킬 때마다 콜라를 마셨다.

“사실은 지연이가 너희 집이라고 말해 주었어.”

“지연이?”

“응. 널 잘 알던데.”

“아! 그 털털이.”

“털털이?”

“싸움 꽤나 했지. 완전 돌팍이라니까.”

오노는 돌팍이란 말에 웃었다.

“뭐야. 그 앤 언제 온 거야? 기집애. 서울 가서 공부한다고 폼만 잔뜩 잡더니.”

“지연이도 스트레스 많이 받나 봐.”

“고딩 치고 열나지 않으면 비정상이지.”

"너도 지연이 보면 놀랄걸. 많이 변했어."

"뻔하지. 저 밑에 화장실 봐. 기집애들 옷 갈아입고 담배 피고 화장하고. 으휴. 완전 싹통인 것 알아?"

"다는 아니잖아. 노는 애들이나 그러지. 그리고 지연이는 그렇지 않아."

"헤…… 오노. 네가 어떻게 알아?"

"어릴 때부터 친구였잖아. 성격이 조금 드세서 그렇지. 나쁘지는 않았어."

의외로 진지하게 말하는 오노에게 약간 미안한 마음이 들었는지 창선은 슬쩍 얼버무렸다.

"하긴 그래. 좀 덜렁대고 지려고 하질 않았어. 가끔. 다투긴 했지만 그런 건 싸움도 아니지. 나쁜 애는 아니었어."

"한번 만나지 않을래? 궁금해하던데."

"지연이 나를?"

"응."

"그런데 오노. 지연이도 대학 가겠지? 그것도. 서울에서 말이야."

"그러겠지. 서울에서 대학 가려고 전학간 거니까."

창선은 잠시 침묵을 지켰다. 창선이 뭐라고 말할 때까지 오노는 아무 말도 하지 않았다.

"우리. 지금 거기서 안 살아."

"이사한 거였어? 어쩐지. 어질러져 있긴 했어."

"할아버지 고물상이었어. 꽤 컸었지. 돌아가시지만 않았어도 아버진 함부로 땅을 몽땅 파는 짓 따위는 안 했을 건데. 할아버지는 모든 걸 소중히 아끼셨던 분 같았어. 그중에서 시간을 무척 아끼셨어."

"시간을?"

"응. 어려서 잘 몰랐었는데, 엄청 부지런하셨거든. 땅을 그냥 놔 두신 적이 없었어. 뭔가 심으시고 그걸 거두게 되면 또 다른 걸 심고 하다못해 나무라도 심으셨어. 덕분에 나도 놀 시간이 별루 없었던 것 같아. 잔심부름은 도맡아 했어. 고물장수들이 리어카에 한 짐씩 실어 오면 저울 눈금 보는 일 같은 것 말이지. 내 차지였거든."

"아. 그래서 수학을 잘 하는구나."

"난 잘 이해하지 못했던 말들이었어. 시간을 아껴라, 땅은 일한 만큼 먹을 걸 준다든가 그런 말들이…… 할아버지 돌아가시고 나서 아버지가 그렇게 빨리 없앨 줄 몰랐어. 하긴 알았다고 해도 내가 뭘 어떻게 할 수도 없었겠지만 말이야."

창선은 네온이 즐비한 시가지 쪽을 가리켰다.

"저기. 저런 동네만 생기지 않았다면 아버진 그러지 않았을까…… 어떤 때는 저 아파트 불빛들이 너무 부러워. 그러면서도 신시가지라는 저 동네가 미워져. 오노. 난 아버지가 팔았던 우리 집과 땅을 다시 사고 싶어. 우리 집 마당에 라일락나무와 조팝나무는 엄마 어렸을 때 할머니하고 심은 거라고 우리 엄마가 좋아하던 나무야. 엄마는 할머니가 그 나무에 살고 있다고 믿고 있는걸. 참 바보 같은 엄마야."

창선의 손이 눈가로 슬며시 올라갔지만 오노는 모르는 체했다.

"그럼. 지금 어디서 사는 거야?"

"뭐 굳이 말 못 할 것도 없지만 우리 사는 곳 아무한테도 말하지 않았어."

"말하기 싫으면 하지 않아도 돼."

"저기 철길 따라 한참 가다 보면 판잣집이 여러 군데 있어. 할아버지 아시던 분이 내 주신 집인데 그냥 살 만해. 마당이 없어서 엄마가 좋아하는 나무들을 옮겨 심지 못했어. 우리 엄마는 철길 둑에 핀 민들레도 이쁘다고 들여다보는걸. 지금은 그렇게 사는 것에 익숙해져서 아무렇지도 않아. 뜨거운 물이 안 나와도 유선 방송이 잘 안 나와도 불편하지도 않고."

오노는 한 번도 부족하다거나 불편하다는 생각을 하며 살아 본 적이 없었기 때문에 창선의 말에 어떻게 답해 줘야 할지 마음이 복잡해졌다.

"정말 미안해. 난 네가 씩씩해서 힘들게 살고 있다는 생각을 하질 못했어."

그렇게 말해 놓고 오노는 바보 같은 말이었다고 후회했다.

창선은 벌떡 일어서며 습관처럼 기지개를 켰다. 그리고 힘찬 목소리로 말했다.

"헤이. 오노. 인생이란 말이지. 앉았다 섰다 하는 거래. 그냥 걷기만 하면 재미없는 거래. 우리 옆집에 엉터리 마술사가 해 준 말이야."

"마술사? 진짜 마술사?"

"응. 마술사래. 밤이면 시가지에서 액세서리 팔아. 어때. 마술 보고 싶으면 부탁해 볼게."

갑자기 오노는 마음이 설레었다. 가끔 TV에서 본 적은 있었지만 관심 있게 본 적은 없었다. 신기하다고만 생각했을 뿐인 마술사가 창선의 옆집에 산다는 것이 더 신기해졌다. 창선은 오노의 얼굴을 장난스럽게 들여다보며 웃었다.

"어.. 어. 왜 이래. 징그럽게."

"오노. 넌 연구 대상감이라니까. 쑥맥도 보통 쑥맥이 아닌걸. 너하고 말하다 보면 나까지 어려진다니까. 마술사가 좋아하겠어. 기가 맑아야 한다나. 아…… 그러고 보니 그 엉터리 마술사도 너같이 비슷한 모습이네. 물론 네가 더 잘 생겼지만 말이야. 아……함. 하품이 나네. 이제 또 일하러 갈 시간이네."

창선은 콧노래를 흥얼거리며 성큼성큼 걸어갔다. 오노는 창선의 뒷모습을 보며 마음이 우울해졌다. 유일하게 마음 털어 놓은 친구라고 생각했는데 창선은 너무 어른스러웠다. 오노는 자신이 바보가 아닐까 하는 생각이 들었다. 지연이도 어른스러웠고 다들 무엇인가 생각하며 사는 것 같았는데, 유독 자신만이 어떤 테두리 안에서 벗어나지 못하고 있는 것 같다는 생각이 들었다.

다행히 미랑은 집에 있지 않았다. 깔끔하게 정리되어 있는 거실을 둘러보며 오노는 새삼 미랑의 손을 생각했다. 가끔, 약을 먹는 걸 봤지만 무심히 지나쳤다. 힘들어하는 모습을 보기도 했지만 어딘가 아프리라는 생각도 하지 못했다. 오노는 미랑에게 미안해졌다. 한편, 불안한 마음이 들기도 했다. 창선에 비하면 너무 편안하게 살아 왔고 자신을 둘러싼 은덕암 스님, 할머니, 미랑 이모, 엄마, 모두 철저한 보호막이었다. 한 번이라도 그들이 없는 세상을 생각해 본 적이 없었다. 오노는 머리가 띵하니 복잡해짐을 느꼈다. 오노는 목욕탕으로 들어가 찬물로 세수를 하였다. 세면기 위로 부착된 거울에 얼굴이 보였다. 어렸을 때 사람들은 호기심에 찬 눈빛으로 오노를 바라보았었다. 오노의 출생 여부에 관한 그들의 상상력은 오노를 주눅 들게 만들었었다. 아마도 동두천이었기 때문이었으리라. 그나마 다행인 것은 성장기를 거치면서 절반은 엄마를 닮은 듯한 모습에 다소 위안을 받은 것은 사실이었다. 언제부터인가 거리에는 군인이 아닌 외국인들이 붐볐고 그들은 가난을 피해 일자리를 찾아온 사람들이었다. 사람들은 일부러 호기심에 찬 눈빛으로 상상력을 자극시킬 필요도 없었다. 신시가지라는 이름으로 외지인들로 인한 물갈이 탓이었을까. 오노는 슬픔 같은 것을 느꼈다. 억울했다. 아이들의 놀림이 두려워 자신과 비슷한 사람만 보면 숨어버리듯 외면했던 일들. " 난 동두천에서 태어난 대한민국 사람이거든. 내 고향은 동두천.", " 헤이. 오-노. 오-노. 오-우.노.노.노…… 과자도 싫어. 사탕도 싫어. 난. 싫어. 우-."

오노는 눈물을 닦았다. 처음부터 없다고 생각했던 것 중의 하나. 있기를 원하기보다 체념부터 했던 자리. " 아……버……지." 단 한 번도 물어본 일도 들어본 일도 없는 이름이었다.

누구였을까? 오노는 머리를 흔들었다.

"뭐가 이래. 왜 자꾸 쓸데없는 생각을 하는 거지. 그만 자는 게 좋겠어."

미랑이 돌아왔을 때 오노는 이미 잠들어 있었다. 늦은 시간이었지만 커피를 마셔야겠다는 생각이 들었다. 사실, 커피의 맛보다 뜨거운 커피잔을 만지작거리며 코끝에 스치는 아스라한 향이 더 좋았다. 뜨거운 커피잔을 만지작거리며 베란다로 나와 창밖을 내려다보았다. 어느새 안개는 실비 날리듯 희미한 가로등 불빛 사이로 반짝였다. 적막한 밤이었다.

안개에 밀려 숨어버린 듯 밤마다 시끄럽게 울어대던 개구리소리도 들리지 않는 밤이었다. 미랑은 숨어 있는 그림자를 보았다. 그가 누구인지 알고 있다. 하지만 뛰쳐나갈 생각은 하지 않는다. "왜냐구? 시간이 너무 많이 가 버렸어. 너를 생각하고 기다리기엔, 내 심장이 더 이상 움직여 주질 않는걸." 안개는 더욱 짙어졌다. 어렴풋이 들리는 차 시동 소리. 미랑은 무너지듯 주저앉았다. 그의 목소리가 들리는 듯했다.

"널 사랑해. 널 위해서라면 난 뭐든 할 수 있어."

미랑은 웃었다.

그래. 처음엔 다 그런다더라. 모든 걸 주어도 아깝지 않을 정도로 대신 죽어 줄 수도 있다고도 하더라.

“난. 나 하나도 책임질 수 없어. 내 길을 가고 싶어.”

미랑은 또 웃었다.

그래. 그랬겠지. 왜 아니겠니. 내게 혹 하나가 붙었는데 당연한 계산이지.

“구속 되는 게 싫어. 난 자유로운 삶을 원해.”

구차한 변명이었다. 솔직하지 못한 이별 선언은 사랑한 것에 대한 배려일까? 떠나는 것에 대한

죄책감이었을까? 아니면 울며불며 난 너 없으면 못 산다고 너절한 패악이나 떨까…… 두려웠을까……

미랑은 계속 웃었다. 안개에 묻힌 뿌-우-연 밤이었다.

은덕 스님

"아침에 일어나면 서늘한 게 찬바람이 난지 싶당께요."

"그래도 아직 덥지요. 일찍부터 웬 잔손질을 하세요? 허리도 안 좋으시다면서."

"아프다 아프다 하면 더 아픈 게 병이다요, 스님. 그냥 저냥 움직이는 게 병원보다 낫제. 손 놓고 있으면 시부지기 풀어져 골방 귀신 된다고 내 시집살이하면서 귀에 못이 박혔당께요."

듬석듬석 던져대는 말에 은덕 스님은 웃었다.

"그런 말이 어디 있어요?"

마당에 멍석을 깔고 가지런히 늘어놓은 빠알간 고추를 들여다보며 화순네는 잔기침을 했다.

"워매, 매운 내야. 스님. 시방 세상이 좋아 잊고 사는 것도 많지만서도 살다 보면 옛말 그른 것 하나도 없습디요. 손 놓고 냄이 만들어준 것 먹고사는 팔자도 좋지만 요렇게 하나하나 들여다보며 만들어 먹는 것도 타고난 재미라면 재미제. 일할 팔자 따로 있다든만 낼 두고 하는 소리 같당께요."

"또, 그런 말씀 하신다니. 마냥 좋은 팔자시구만."

"참말로, 내 우리 스님 앞에서 뭔 소릴 할꼬. 자꾸 헛말 나오는 걸 보면 나이는 어쩔 수 없는 거랑께."

"오노가 올 때가 됐는데 공부에 바빠서 그런가…… 요즘 뜸하네요."

"거시기 대학 갈려고 준비에 바쁘당가. 그러고 보니 다녀간 지도 한참 된 것 같은디. 참, 스님. 그 수녀님 친구요."

"아, 마리아 수녀님 말이에요?"

"진작 미수 치료 한다고 왔든만 언제 또 오신당가요?"

"그야 연락하면 올 수 있죠. 미수는 좀 어때요?"

은덕 스님의 물음에 화순네는 고개를 갸웃거리며 말했다.

"그게, 좀…… 감이 잡히지만서도, 아무튼요. 심경에 변화가 있는 것만은 확실하다니께요."

"반가운 일이죠. 우리 화순 할머니 소원 성취 하시려나 봅니다. 마리아 수녀님은 심리학을 공부하신 분이라 미수에게 도움이 될 겁니다. 제가 연락을 드려 보죠."

"참말로 거시기 심리학인지 뭔지 우리 미수한테 좋은 일 있으면 얼마나 좋을갑소마는."

화순네는 활짝 웃었다. 은덕 스님은 화순네의 웃는 모습을 보며 마음이 아파왔다. 하늘과 땅이 제일인 줄만 알고 사는 저토록 천진한 심성을 가진 화순네가 오랜 시간 자식 때문에 헛웃음을 지으며 살아왔다고 생각하니 안쓰럽기만 했다.

"그렇게 좋으신가 봅니다. 곱게 웃으시는 것 처음 같아요."

"스님 모르신당께. 자식은 키울수록 근심이란다요. 부모 죽기 전에 철든 자식은 하늘이 내린 오복중의 하나라제. 지들 나이 먹고 어른이라 해도 부모 손 안 가는 자식 얼마나 있당가요. 그냥저냥 근심 덩어리제."

은덕 스님은 고개를 끄덕이며 자신의 어머니를 떠올렸다. 출가하겠다고 산중 절로 숨어 버린 딸을 찾아 애간장을 태우고도 모자랐을 어머니의 절규를 모르는 척, 숨기에만 급급했던 자신의 이기심이 얼마나 큰 불효였던가. 은덕 스님은 맑은 하늘을 바라보았다. 산중의 하늘은 유난히 깨끗하고 곱기만 하였다. 은덕의 마음을 헤아리는 듯 새소리가 들렸다.

"관세음보살, 괴로워하는 것도 업을 지은 탓입니다. 관세음보살."

부모가 바라지 않는 길을 택한 것 또한 불효 아니었던가. 죄스러운 마음에 은덕은 하늘을 보며 합장했다.

"스님. 해꽃 피었는 갑소. 반짝하니 눈부신 게 비라도 오실 것 같당께요."

해 주위에 둥그런 테두리가 생기면 화순네는 해꽃이라고 했다. 해꽃이 생기면 비가 온다고 했다. 날이 궂거나 비가 오면 버릇처럼 멸치 국물에 감자를 썰어 넣고 수제비를 끓이거나 호박이나 가지전을 노르스름하게 부쳐 간식으로 내오곤 했었다. 은덕은 웃었다.

"수제비 끓이시게요?"

"거시기. 다른 것 할까요? 보자. 늙은 호박덩이 하나 있는데 콩 넣고 범벅이 좋겠당께. 비오면 일도 못하고 그저 식구끼리 얼굴 보며 해 먹는 재미제. 우리 오노 오면 좋겠구만. 잘 맥여야 잘 크는디. 요즘 애들은 잘 맥여 그런가. 장대같이 크기도 하당께."

연신 말 구실을 찾아내는 화순네를 보며 은덕 스님은 '고맙습니다. 화순 할머님 안 계셨으면 아무리 불가 제자라 해도 얼마나 외로웠겠습니까. 날마다 챙겨주셔서 감사합니다.'라고 마음으로 속삭였다.

"한 번 다녀오시지요. 나들이도 하실 겸…… 그리 먼 곳도 아닌데요."

화순네는 표정이 밝아지다 이내 시무룩해졌다.

"그러고도 싶제…… 우리 오노하고 짜장면도 묵고 노래방도 가고 싶고……"

"미수 때문에 그러세요?"

"휴. 저걸 두고 내 어딜 간다요. 데리고 갈수도 없고."

"염려 마세요. 제가 돌볼 테니 마음 내키는 날 다녀오세요."

은덕 스님의 말에 화순네는 눈을 크게 뜨며 정색을 하였다.

"안 되지라. 스님한테 일 맡기면 부처님한테 혼난당께요."

은덕 스님은 깔깔거리며 웃었다.

"화순 할머님. 저도 혼나요. 부처님께 야단맞아요. 우리 할머님 꽉 붙들고 있으면 혼난다니까요."

"참. 그런 말이 어디 있다요. 요새는 우리 스님 농담도 잘 하제. 만날 입봉하고 사는 것 같든만."

"마리아 수녀님도 오실거구 같이 있으면 괜찮을 겁니다. 가시는 날 오시라고 연락해 볼게요."

선뜻 마음이 내키질 않는지 화순네는 이맛살을 찡그리며 하늘을 올려다보았다.

"평생, 살아도 똑같은 하늘인디 사람 맘은 참말 요동일시. 눈 뜨면 사람이고 하늘인디 후……"

혼잣말처럼 툭 던지며 공양칸으로 가는 화순네를 물끄러미 바라보다 은덕 스님은 며칠 전 걸려 온 전화를 생각했다.

"저. 김 처사인데요. 한 번 다녀가셨으면 해서요. 도무지 말씀을 듣질 않아요. 저도 요즘 일이 바빠 자주 못 뵙는데 엊그제 올라 가 봤더니 영 안 좋으시더라구요."

그것은 지나간 폭풍이었다. 벼랑 사이 바위틈에 깊게 뿌리내린 여린 풀꽃 같던 이야기였다. 경오는 무엇을 사랑했었을까. 처음 만났을 때 그가 뿜어내던 차가운 지성에 이끌렸었고 그를 사랑했을 때 지독히도 섬세하고 여린 그만이 가지고 있는 감성에 은덕은 자신을 걸었었다.

경오에겐 아무것도 존재하지 않았다. 술과 담배에 찌들어 세상을 향해 온갖 울분을 토해내던 그의 철학이 선택한 것은 모든 것을 버리는 거였다. 그가 꼭꼭 숨어 버렸던 그 육중한 대문 앞에서 은덕은 처절하게 몸부림쳤다. 그 대문 안의 사람들은 아무도 은덕을 편들어 주지 않았고 결국 은덕은 지쳐 쓰러졌다. 가물한 의식 속에서 뭔가 스멀거리며 뜨끔한 불쾌한 통증을 느끼며 눈을 떴을 때 노여움으로 가득 찬 어머니의 얼굴이 보였다.

"떠나거라. 바람 쐴 겸 몇 해쯤 나갔다 오면 모든 게 달라질게다."

하얀 은테 안경 위로 햇살이 부딪혔다. 은덕은 눈이 부셔 똑바로 쳐다보질 못했다.

"이미 넌 다른 사람이다. 다른 사람 이름으로 살아야 한다. 그 누구도 만나선 안 돼. 삼대가 지켜온 법조계 가문이다. 너 때문에 네 오빠도 힘들어진다. 가거라."

눈도 주지 않은 채 냉정히 말했지만 은덕은 알고 있었다. 아버지는 울고 있었다는 것을. 그 눈물이 그 말이 무엇을 말하는지도 알고 있었다.

아버지는 가문을 위해 자신이 지켜온 지위와 명예를 위해, 아들의 앞날을 위해 그토록 아끼고 사랑하던 딸을 버려야 했다. 딸이 사랑한 남자는 이 나라 정치가 원하지 않는 그들의 혈기와 젊은 지성으로 똘똘 뭉친 소위 운동권에 앞장선 무리 중의 하나였고, 자연스레 끄나풀이 되어버린 은덕은 용서 받을 수 없는 배신자가 되어 버렸다.

비행장으로 가는 대신 은덕은 도망쳤다. 아무리 두드려도 나오지 않던 대문 앞에 경오가 서 있었다. 초췌한 모습의 그가 말했다.

"미안해."

돌아서는 그의 다리가 절룩거렸다. 머리를 감싸 안았던 짙은 회색 실 모자가 이마를 반쯤 가렸지만 획을 그은 듯한 상처 자국은 눈썹 절반을 밀어 버렸다. 헐렁한 승복을 걸친 채 핏기 없는 낯빛으로 간신히 서 있던 그의 모습은 가혹했다.

은덕은 아무 말도 하지 못했다. 누가…… 누가 다리를…… 왜……

그때도 하늘을 보았다. 말간 하늘이 차가운 하늘이 해 하나 둥실 띄우고 모르는 척 늦가을 한낮을 스산하게 그려내고 있었다. 그가 듣든지 말든지 은덕은 소리쳤었다.

"나…… 가지 않아요. 아무리 숨고 또 숨어 봐. 찾고 또 찾고 당신이 죽는 날까지 그러면서 살 거니까. 그래. 좋아…… 그냥 숨바꼭질하면서 살 거라고. 나도 당신처럼 숨어서…… 숨어..서 살 거라구."

모진 시간들이었다. 그를 사랑한 것이 결국 그를 불구자로 만들어 버린 셈이었다. 은덕의 머리카락이 지난 시간들과 함께 땅에 떨어져 한 줌의 먼지로 풀풀 날릴 때 체념의 눈물을 흘렸듯 그도 그렇게 울었으리라. 이제 이 세상에 그도 나도 없으리라.

남은 건 육신뿐이리.

꾹꾹……꾹꾸 꾸꾸국……

산비둘기 울음이 조용한 산중을 흔들었다. 짝을 잃으면 혼자 애처로이 울다 울다 따라 죽는다던가. 은덕은 머리를 숙여 합장을 했다.

관세음보살.

아무것도 없습니다.

아파한들 뭐 하겠습니까

관세음보살.

제 이 두 눈이 살아 있는 모든 것들을 똑똑히 볼 수 있고 살아있는 모든 것들의 소리를 들을 수 있다는 것만으로 감사히 여기고 복되다 생각하며 살게 해 주십시오. 복을 짓되 업은 짓지 않고 살 수 있는 그런 생각을 잊지 않게 해 주십시오. 관세음보살.

토비와의 만남

*

토비는 내 인생의 의미 있는 아주 중요한 사람이었다. 그는 자신의 속내를 비추지 않는 신중한 타입이긴 했지만 오히려 무뚝뚝해 보여 다가서기 힘들었다. 하지만 그를 알고 나면 그가 얼마나 맑은 마음의 소유자인지 알게 된다. 우린 똑같은 색의 소유자였기 때문에 공유할 수 있는 부분이 많았던 것은 사실이다. 그를 만난 것은 결코 우연이 아니었다. *

좀처럼 오지 않던 비가 며칠째 오락가락하며 여름의 끝을 마무리하는 것처럼 지루한 날이 계속 되었다. 미랑은 널어 놓은 빨래가 눅눅하다며 투덜거리듯 말했다.

"가을장마라고 하더니 요즘 같은 날씨를 말하나 봐."

미랑이 뭐라고 말해도 못 들었는지 오노는 휴대폰에 열중하고 있었다.

"오— 노."

"응. 이모 뭐라고 한 거야?"

오노는 휴대폰을 버튼을 누르며 얼굴이 벌게졌다.

"이런, 얼굴이 빨개지네. 폰으로 야동이라도 본 거야?"

"날, 어떻게 보구. 이모 그런 건 요즘 초딩 수준도 아니라구요."

오노는 어이없다는 표정으로 어깨를 으쓱해 보였다.

"비밀이라도 생긴 거야? 엉뚱한 짓 하면 얼굴이 빨개지잖아."

"참, 이모는 내 나이가 몇 살인데 아직도 그런 말씀을."

나이 타령하는 오노에게 미랑은 갑자기 대꾸할 말이 없어졌다. 얼떨떨한 표정의 미랑과는 달리 대수롭잖은 듯 우산을 챙겨들고 한쪽 눈을 찡긋 감아 보이며 오노는 들뜬 목소리로 "이모. 올 때 꿀벌 닭 강정 사올까?" 하며 현관문을 나섰다. 미랑은 새삼 오노의 나이를 생각해야 했다.

"그래. 잰 어린애가 아닌 걸. 왜 여직 그 생각을 못 했지. 내년이면 대학을 가야 하고 그럼 몇 살이야. 아 군대도 가야하잖아. 요즘은 일찍 간다고들 하던데. 너무 무관심했던 걸까?"

미랑은 길을 잃은 아이처럼 망막해졌다. 오노의 미래를 진지하게 생각해야 될 때라는 생각이 들면서도 왠지 서운하고 착잡한 기분에 사로잡혔다.

미랑의 기분과는 달리 오노는 빠른 걸음으로 창선을 찾아가고 있었다. 창선이 보낸 메시지는 충분히 오노를 들뜨게 만들었다.

"나, 오늘 쉬는 날이야. 시가지 롯데리아에서 보자구. 마술사 만나러 가야지. 지연이도 온댔어. 기집애. 사고 쳤나봐. 여태 눌러앉은 거 보니. ㅋㅋ."

롯데리아 매장 안은 시끄럽기 그지없었다. 빈자리가 없을 정도로 꽉 들어찬 사람들은 쿵쿵 울려대는 음악소리에 자연히 소리 높여 말할 수밖에 없었다. 오노는 이맛살을 찡그리며 창선의 얼굴을 찾았다.

"여긴 항상 시끄러워. 정신이 없을 정도야. 날이 더우니까 싸구려 아이스크림 하나 먹으면서도 자리 차지하고 몇 시간씩 버틴다니까. 나름 효자 아이스크림이잖아."

양팔을 으쓱해 보이면서 오노에게 얼음이 가득 담긴 콜라 잔을 내밀며 창선은 미리 와 있던 지연에게 어른처럼 말했다.

"지연이 넌 오렌지 주스?"

지연은 대답 대신 고개를 끄덕이며 오노에게 살짝 웃어 보였다. 짧은 팬츠에 하얀 후드, 엄지 발 톱에 빨간 매니큐어, 까만 끈이 두 줄로 이어진 조리 슬리퍼. 오노는 얼굴이 확 달아오르는 기분이었다. 창선은 마치 회의 진행자나 되는 것처럼 분위기를 이끌어 나갔다. 지연이 킥킥거리며 웃어댔다.

"야. 창선이. 너 오버하지 마. 우린 어릴 때부터 친한 친구라구. 뭐야 소개팅 하는 것 같잖아. 맞지? 오노."

"응? 아, 창선이 스타일이야."

"아, 내가 넘쳤나? 오랜만에 쉬는 날, 님들 보니 잘 분간이 안 가서 살짝 넘쳤네. 역시 꼬집는 버릇은 여전하네. 이 돌팅."

"뭐야. 말버릇 하고……"

티격태격 말장난 하는 둘의 모습이 다정한 연인 같아 보여 오노는 슬며시 샘이 났다. 둘만을 위한 자리에 들러리가 된 것 같기만 했다.

"그만.. 그만. 이러다 싸우겠다."

"하하. 우린 만날 그랬던 것 같아. 기집애. 지가 대장이라니까."

"그래도 정말 싸운적 은 없었어. 그렇지?"

“그건 그래. 그런데 넌 왜 서울에 안가? 학교 땡쳐도 괜찮은 거야?”

지연은 심드렁한 얼굴로 스트로를 쭉 빨았다.

“오렌지가 아니고 환타네.”

“오렌지 맞거든요. 돌팅. 딴소리 하지 말고 사연 좀 공개 하시지.”

“또……또. 돌팅 소리 그만 하지. 숙녀한테 뭐야. 매너 하고는.”

“아아. 미안. 돌팅 취소. 돌팍 됐지?”

“창선아, 그만 놀리고 지연이 얘기 좀 듣지.”

“험. 입 닫습니다.”

지연은 생각에 잠기는 듯하다 갑자기 큰 소리로 웃어댔다. 둘은 영문을 몰라 지연의 얼굴만 빤히 쳐다보았다.

“하하. 생각하니까 무지 멍청한 거야. 하하”

“뭐? 우리?”

지연은 뭐가 우스운지 말하는 도중에도 피식피식 웃어댔다.

“아니…… 아니 창선이가 돌팍이라고 하니까 정말 돌팍 같은 놈이 있거든 하하.”

오노는 지연이 신기하게 느껴졌다. 무슨 일인지 몰라도 학교에 가지 않고도 걱정하는 기색 없이 웃어댈 수 있는 지연이 부럽기까지 했다. 오노로서는 상상도 할 수 없는 일이다. 뜸을 들이는 지연이 답답했던지 창선이 재촉했다.

“그러니까 말해 보라구. 돌팍 같은 놈하고 전설을 만들어 쫓겨난 거야?”

“알았어. 말 할게. 우리 엄마 좀 극성이냐. 니들도 알지? 동네 반장 딱인 거. 안 그래도 정말 힘들어 죽겠는데 떡 하니 입시 학원에 과외까지 붙여 놓잖아. 좋은 학교 못가면 유학 가라고 하루에도 열두 번씩 전화 때리는데 아…… 난 정말 모든 게 다 싫어졌어. 책만 보면 글씨가 거꾸로 보이고 천정으로 올라가 버리는 거야. 니들도 알잖아 그 기분……"

둘은 지연의 말에 공감했다. 창선은 대학을 포기해서 그런지 비교적 여유 있는 편이었고 사실 오노는 열심히 공부한다고 하지만, 잘 하고 있는지 자신도 잘 몰랐다. 꼭 좋은 대학을 가야 모든 게 좋아지는 것인지 알 수 있는 것은 아무것도 없었다.

"사실 난 대학을 포기했어. 아니 조금 연기했다고 하는 편이 낫겠지. 형편이 좋아지면 꼭 갈 생각이긴 하지만 그래서 지금은 별루 신경 안 써. 그래도 니들은 이해해. 고딩들 스트레스잖아 영원한."

창선의 말에 지연은 미안한 듯한 표정을 지으며 소리를 낮추어 진지하게 말했다.

"그랬구나. 난 생각도 없이 미안해. 사실 나두 좋은 대학 가고 싶어. 그런데 틀렸어. 사고 쳤어. 그 돌팍 같은 놈이 살 맞은 건지 내가 살 맞은 건지 완전 재수야."

지연의 얘기는 대충 그랬다. 난독증 비슷한 증세를 보여 신경이 예민해 있었던 상태인데 학원 수강생 중 하나가 열심히 따라다녔다고 한다. 어떻게 알았는지 폰 메일을 귀찮을 정도로 보내와 학원 복도로 불러내 주의를 주던 중 갑자기 달려드는 바람에 상처를 입혀서 큰 문제가 됐다고 한다. 창선이 웃어댔다.

"맞네. 돌팍이네 그 자식. 그 자식 병원에 있는 거야?"

"휴…… 지금은 잘 모르겠어. 그 집 부모가 학교까지 찾아와서 아휴 끔직해. 우리 집도 한바탕 난리는 났지만 덕분에 난 신경과 치료를 받아야 되고 완전 휴가 중이잖아. 참 웬 정신병자. 피해자는 나라구. 근데 하필 그 자식 거기를 발로 차 버린 게…… 에이."

지연의 말에 둘은 배를 잡고 웃었다. 오노는 지연에게 다른 일이 없어 다행이라고 생각했다. 셋은 시끌벅적한 롯데리아를 빠져나와 창선을 따라갔다. 다행히 비는 그쳤지만 흐릿한 하늘 때문인지 거리는 스산하게 보였다.

오노는 TV에서만 보던 마술을 직접 볼 수 있다는 사실에 가벼운 흥분을 느꼈지만 지연은 타로 카드로 미래를 알고 싶어 했다. 창선은 눈에 보이지 않는 것에 대해 호기심을 갖는다는 것은 시간을 버리는 어리석은 일이라고 했지만, 사실은 가장으로서 엄마와 누나를 보살펴야 한다는 책임감 때문에 창선이 즐길 수 있는 것은 아무것도 없었다.

시가지와는 반대인 동네, 고장 난 신호등이 서 있는 찻길을 두 번 건넜을 뿐인 짧은 거리인데도, 시가지라는 이름은 빈부의 차이를 크게 갈라놓았다. 철도길 밑으로 다닥다닥 붙어있는 낡은 주택 사이로 좁다란 골목 안의 나무문이 달린 집, 문은 칠이 벗겨져 희끗했지만 예전엔 파란색이었을 것만 같았다.

창선이 담담하게 말했다. "이거 우리 집이야." 그러고는 같은 모양의 문을 가진 옆집을 손가락질 했다. 쪽문을 밀며 먼저 들어간 창선의 뒤를 쫓으며 오노는 숨을 들이쉬었다. 지연은 이상한 냄새 때문인지 얼굴을 찡그렸지만 내색은 하지 않았다.

그의 이름은 토비라고 했다. 검고 굵은 눈썹, 뚜렷한 눈빛이 창선의 말대로 강인한 사내라는 인상을 주었다. 가끔 시가지나 장 서는 날 장터에서 액세서리 좌판을 벌리지만 그것은 돈이 필요할 때만이라고 했다. 토비는 동두천에 거주한 지 꽤 됐다고만 했다. 사실 한국말을 아주 잘했기 때문에 오노나 지연이 생각했던 만큼 신비감은 덜 했다. 토비의 방은 알 수 없는 물건들이 장식품마냥 어수선하게 진열되어 있었다. 원형 나무 테이블은 오래되어 낡았지만 방주인과 아주 잘 어울렸다. 테이블 위에는 타로 카드와 한지로 만든 여러 가지 색의 작고 귀여운 나비들이 늘어져 있었다. 테이블 위자에 앉기를 권하는 토비에게 창선은 포장해 온 햄버거를 내밀었다. 토비는 웃으면서 창선의 어깨를 두어 번 두드렸다.

"뭐가 알고 싶지?"

토비는 간단하게 물었다. 오노는 왠지 토비가 불쌍하다는 생각이 들었다. 어색해하는 둘을 대신해 창선이 대답했다.

"토비. 너무 긴장할 것 없잖아요. 얘네들은 착한 애들이에요. 나하고 똑같은 애들이라구요."

토비는 고개를 끄덕이며 오노의 얼굴을 뚫어져라 보았다. 강렬하고 진실된 눈빛이었다. 오노는 얼굴이 뜨거워짐을 느꼈다. 미랑의 말이 생각났다. "넌 나쁜 짓하면 얼굴이 빨개지잖아."

토비는 한참이나 오노의 얼굴을 주시하더니 옅은 미소를 지었다.

"이름이 뭐지?"

토비의 눈빛에 잔뜩 긴장한터라 오노는 "네?"라고 되물었다.

"이름?"

"아…… 오노..오노예요."

"넌, 참 맑은 아이구나. 네 생각은 물처럼 맑기만 해. 마술은 누구에게 보이기 위해 만드는 것이 아니란다. 물론 다른 일도 마찬가지지만 말이야. 내게 주어진 일은 나보다 더 사랑하고 가꾸어야하지. 마술을 좋아할 수 있겠니?"

“아직은 잘 모르겠어요. 뭘 해야 될 지도 모르겠구요. 가까이서 보고 싶다는 생각은 들었어요.”

“넌, 이미 보았다.”

“네? 언제요?”

“내가 네 마음을 읽은 것, 넌 멀고도 먼 길을 너를 찾는 길을 가게 될 것이다. 누군가에게 행복이라는 것을 주고 싶을 때 그 마음이 간절할 때 펼쳐지는 것이 진정한 마술이다. 아무 때나 함부로 보이는 것은 한낱 잔재주에 불과한 것이지. 역시 모든 것이 마찬가지다. 나를 만드는 기본이지. 지금부터 너의 생각을 소중히 아끼렴. 생각이 많으면 엉킨 전선줄처럼 모든 것이 복잡하고 엉망이 되고 만단다.”

토비의 말은 어렵고 이해하기 힘들었지만 오노는 고개를 끄덕였다. 예외로 진지하고 무거운 분위기 탓이었는지 창선과 지연은 숨소리조차 크게 들릴까 조심하고 있었다. 토비는 지연에게 물었다.

“뭘, 원하지?”

당차기만 했던 지연이도 오노와 같은 심정이었는지 한껏 기죽은 목소리로 더듬거리며 대답했다.

“그냥요. 저…… 타로 같은 것도 잘 보신…… 아니 미래 같은 것 알고 싶어서요.”

“미래가 알고 싶은 건가?”

지연은 눈을 반짝거리며 고개를 끄덕였다. 토비는 테이블 위의 카드를 쭉 늘어 놓고 지연에게 눈을 감고 집중하라고 시켰다.

“한 가지만 생각해야 돼. 마음을 비우고. 타로는 신성함과 평안함을 중요시하지.”

오노는 눈을 감고 토비의 지시를 기다리는 지연을 바라보자, 가슴이 두근거렸다. 뽀얗게 피어오르는 안개 속의 희미한 불빛 같다는 생각이 들자 머리를 양쪽으로 흔들며 눈을 크게 떴다.

"자. 눈을 뜨고 세 장만 뽑아 봐."

"아무 거나요?"

"물론. 마음이 시키는 대로 하면 돼."

토비는 지연이 뽑아 놓은 카드를 뒤집어 한참을 들여다보며 뭔가 생각하는 듯했다. 지연은 침을 꿀꺽 삼키는 듯한 표정으로 토비의 얼굴을 빤히 쳐다보았다. 창선과 오노 역시 지연의 미래가 어떻게 펼쳐질지 궁금했다.

"으흠. 고통이란 것도 좋은 결과를 만들었을 때 결국은 화려한 것이지. 슬픈 것은 아니란다. 잠시 바람이 불고 나면 일상으로 돌아가지. 눈물을 흘리지만 그로 인해 사랑을 얻게 되는구나. 스스로 깨닫는 순간 자신의 길을 걸어가고 있다는 것을 알게 되지. 이미 그 과정을 밟기 시작했어. 현명한 사람은 만족이라는 것을 알지. 넘치지 않는 것이 중요하단다."

"사랑이요? 어떤 사랑이죠?"

"네가 모르는 사랑. 그것을 알기 시작했을 때 그 사랑은 너를 떠나 멀리가지만 시간이 흐르면 다시 돌아오게 된단다. 그리고 끝없이 주는 사랑을 하게 되지. 아아. 하지만 걱정할 것은 없어. 마음엔 행복이 가득 할 테니까…… 이미 그 사랑도 시작된 거나 마찬가지지만."

"그런 것 말구요 다른 미래는 없나요? 유명한 연예인이 된다든가 부자가 된다든가 뭐 그런 것 있잖아요. 그리고 전 아직 사귀는 사람도 없거든요."

"별을 가지진 않았어. 하지만 불행도 가지진 않았어. 어쩌면 가장 좋은 운명일지도 몰라.”

“아무것도 없는 어정쩡한데요?”

“평범한 것을 지속한다는 것은 무척 어려운 일이란다. 그리고 행복한 일이지. 고독하고 불행한 사람이 너를 만나면 일상적인 평온함을 가지게 돼. 그러니까 너는 행복을 주는 사람. 어때? 별을 가진 사람보다 더 좋지 않니?”

지연은 고개를 갸웃거리며 그리 만족하지 못한 표정으로 웃었다. 그러한 심중을 알기라도 한 듯 토비는 진지하게 말했다.

“필요한 것은 지나간 일도 아니란다. 미래는 알 수 없어. 타로라든가 점이라는 것은 흥미나 마찬가지야. 사람이 만들어 낸 것이기 때문에 맞는다고 볼 수는 없어. 단지 운명의 흐름에 맡길 뿐이지. 흐름을 잘 타서 좋은 결과를 만드는 것은 본인의 노력이야.”

“그럼, 창선이는요?”

토비는 잠시 눈을 감았다 떴다. 오노는 토비의 눈빛이 슬퍼짐을 보았다. 토비는 널려진 카드를 정돈하며 무거운 목소리로 말했다.

“창선이는 말이지 자신의 길을 잘 가고 있어. 아주 씩씩하게 시간을 낭비하지 않고…… 그래서 난 창선이 좋아. 엉터리 마술사라고 놀리긴 하지만 진심이 아닌걸. 아주 좋은 나의 친구야.”

토비의 말에 창선은 “헤” 하며 바보처럼 웃었다. 오노는 창선이 그런 모습으로 웃는 것을 처음 보았다. 창선은 언제나 무뚝뚝하고 힘 있는 모습만 보여 주었기 때문이었다. 토비는 고개를 끄덕이며 싱긋 웃었다. 토비의 집을 나설 무렵 사방은 어두워져 있었다. 선물이라며 토비는 가느다란 나무젓가락 같은 것을 세 개씩 나누어 주었다.

"갈대야. 컵에 향수 같은 것을 덜어내 담가 놓으면 갈대가 향을 흡수해서 은은한 향기로 가득 찬단다. 아주 기분 좋은 풀 나무야."

지연은 나무를 살펴보며 되물었다.

"어머! 그런 것도 있어요?"

"숨을 쉬거든. 뿌리는 없어도 향기 나는 액체에 담가만 놓으면 모든 것을 기분 좋게 해 주지."

오노는 "아주 특별한 풀대네요. 우리 이모 드려야겠어요. 방안에 향수를 뿌려 놓거든요." 하며 토비에게 인사를 했다. 창선은 자기 몫을 지연에게 주었다.

"너, 다 가져. 어차피 우리 집엔 덜어 낼 향수 따윈 없으니까."

지연은 좋아하며 창선이 내미는 갈대를 얼른 받았다. 그리고는 입을 삐쭉거리며 실망스럽다는 듯 말했다.

"뭐야, 그런 말 들으려고 간 것은 아닌데 알 수 없는 말만 하구. 난 도무지 무슨 말인지 모르겠어. 좀 더 리얼하고 폼 나는 얘길 기대했는데."

"그만 하면 좋은 말만 하던데 뭘 그래. 하긴 괜히 돌팍일까?"

"너. 너…… 그런 말 하지 말라고 했지?"

창선의 말에 지연은 눈을 흘겼지만 화난 말투는 아니었다.

"근데 오노. 무슨 말일까? 먼 길을 간다니 혹시 아버지 찾으러 한국을 떠나는 것 아닐까?"

창선의 말에 오노는 눈을 크게 떴다.

"아버지? 말도 안 돼. 아무것두 아는 게 없어. 그리구 그럴 생각조차도 없구."

"맞아. 오노는 한 번도 아버지에 관한 말을 한 적이 없었거든. 그래도 오노. 그럴 일이 있을지도 모르잖아."

지연이 거들고 나섰지만 오노는 뭔가 다른 일이 자신을 어디론가 몰고 갈 것만 같은 이상한 예감이 들었다. 창선은 버릇처럼 기지개를 켰다.

"모처럼 쉬는 날 완전 봉사했어. 난 집에 들어가 봐야겠어. 밤에 우리 엄마 얼굴 본 지가 언제인지 오늘은 엄마 얼굴 보면서 자겠네. 니들 같은 방향이니까 바래다주지 않아도 되지?"

오노는 지연과 함께 걸으면서 재미있는 말이라도 해야겠다고 생각했지만 딱히 생각이 나질 않았다. 고장 난 신호등 앞에서 지연이 투덜거렸다.

"왜? 고치지 않는 거람. 이 동넨 말이지 차가 너무 많아졌어. 파란불이 켜져도 막 지나가구. 그거 있잖아. 파파라치인지 없어졌다고 하던데 정말인가 몰라."

"그러게. 그러고 보니 언제부터인가 들은 적이 없는 것 같아."

"한 번 알아볼까? 엄청 돈 벌겠어. 여기 말이야 하루에도 수십 건은 나올 것 같아. 창선이하고 셋이 알바 삼아 하면 어때? 좋은 생각이지?"

오노는 웃으면서 지연의 이마에 손가락을 튕기는 시늉을 했다.

"알밤이야. 바람직하지 못한 생각."

"여기서 살 땐 잘 몰랐었거든. 전학 가서 생활해 보니 정말 빡 셌어. 서울에 있는 대학 가기가 왜 힘든지 알겠더라구. 넌 잘하고 있겠지. 자신 있어?"

"나도 잘 몰라. 그냥 할뿐이야."

"넌 학원도 안다니는 것 같던데?"

"나하고 안 맞는 것 같아서 오히려 시끄러운 것 같아."

"하긴…… 나도 마지못해 학원에 다녔지만 가끔 그게 더 스트레스일 때가 있었어. 그래도 다행이다."

"뭐가?"

"왕따 안 되고 살아남아서…… 넌 어렸을 때부터 아이들하고도 잘 안 어울렸었잖아. 지금도 그러니?"

오노는 대답 대신 씩 웃었다.

"내가 니 흑기사였잖아."

"그랬었나…… 맞아. 그랬지. 니가 내 대신 많이 싸웠지."

"이름 때문이었어. 애들이 늘 니 이름 갖고 놀렸었잖아. 오오 오-노 오우 노노노 하고 말이야."

"맞아. 그땐 그랬어."

"지금도 이름이 싫어?"

"지금은 놀리는 사람도 없는걸. 외국에서 일하러 들어온 사람들이 많아졌어. 그래서인가 사람들은 자신과 다른 것들에 대해 무관심해졌어. 내가 어떻게 생겼는지에 관해서 궁금해하는 사람도 없어."

"너에겐 아주 잘된 일이네."

"뭐가?"

"시가지가 생긴 것 말이야. 시가지 덕분이잖아. 교통도 좋아지고 공원도 생기고 너무 아름답잖아. 서울은 너무 답답해. 복잡하고 그런데두 동두천에 산다면 아직도 이상한 눈으로 촌뜨기 취급 하는걸. 거기 사람들은 강남이나 이태원 뭐 그런 데를 좋아하나 봐. 난 잘 모르겠던데? 우린 여기가 고향이라 그런가…… 참 너네 엄마는 아직도 아프셔?"

"응."

지연은 어른스럽게 고개를 두어 번 끄덕였다.

"우리 할머니가 가끔 너네 할머니 얘길 하시거든. 지금도 속상하시면 절에 가시곤 하나 봐. 요즘은 문화센터에 엄청 쫓아 다니셔. 노래 교실, 건강 다이어트 체조, 그림도 배우신대. 하루에 몇 군데씩 다니시는지 또 멋은 얼마나 내시는데 나가시기 전에 꼭 물어보셔. 화장이 잘 됐냐, 이 옷은 어떠냐, 나이 들어 뵈지 않느냐는 등. 어떤 때는 귀여우시다니까. 뭐, 늦은 불타는 청춘이시라던가 후후……"

"그러셨구나."

"사실 우리 집도 편하진 않아. 할아버지 돌아가시고 나서 좀 이상하게 변해 버렸어. 왜 어른들은 돈을 많이 벌어야 좋다고 생각할까? 우리도 그렇게 될까? 좋은 대학 가면 돈을 많이 벌게 되는 걸까? 우리 생각이 바보 같은 걸까? 처음부터 있는 그대로 지키고 살면 안 되나?"

"그러게…… 나도 아직은 몰라. 넌 언제쯤 가는 거야?"

지연은 한숨을 쉬었다.

"나도 몰라. 아무래도 올해는 틀린 것 같아. 학교 가기도 창피하고."

"네 잘못이 아니잖아."

"아빠가 합의를 보긴 했는데 엄마는 유학 가라고 성화야."

"갈 생각은 있어?"

"잘 모르겠어. 그냥 무섭기만 해. 여러 가지 생각 중이야. 내가 잘할 수 있는 것 말이야. 내가 뭐 뛰어난 재주가 있는 것도 아니고 공부를 썩 잘 하는 것도 아니고 하지만 뭔가는 있을 거야."

"그래. 지연이 넌 어렸을 때부터 멋 내는 것 좋아했잖아. 사실, 이쁘기도 했고 그쪽으로 공부하면 되지 뭐. 너무 어렵게 생각 하지 마."

지연은 걸음을 멈추고 환히 웃었다.

"정말? 내가 이뻤어?"

"응. 머리에 반짝이는 머리띠 한 것도, 이만한 왕방울 끈도 휴대폰에 달았던 인형도 다-아."

"넌, 한 번도 그런 말한 적 없었잖아."

오노는 부끄러워졌다. 지연은 아파트 정문으로 들어가며 오노를 불렀다.

"오-노. 고마워."

깡총거리는 뒷모습을 보며 오노는 중얼 거렸다. "나도 고마워."

사랑의 시작

동구의 아버지 강 노인은 미랑의 목과 팔에 침을 놓으며 카랑카랑한 목소리로 빠르게 말했다.

"처자, 이런 건 병도 아니네. 병은 스스로 만들어 내는 것이야. 아프다고 생각하면 아픈 거고, 안 아프다고 생각하면 안 아픈 거야. 왜 아픈 건지 잘 생각해 봐."

미랑을 억지로 끌고 오다시피 한 동구는 걱정스런 눈빛이었다.

"에이. 아버지 그런 말씀이 어디 있어요? 아프면 아픈 거지. 아버지 말씀대로라면 아픈 사람 하나도 없게요?"

"쯧. 이제껏 내 옆에서 뭘 배웠나 쯧. 신체에도 자정 능력이란 게 있어. 한의대까지 나온 놈이 기 철학도 모르냐."

동구는 강 노인의 면박에 무안해져서 머리를 긁적이며 헛기침을 했다.

"헛. 참…… 아버지두."

미랑은 뜨끈한 바닥의 온기 때문인지 몸이 풀어지면서 노곤해졌다. 두

부자의 말소리가 가물가물 귓전에 와 닿는 듯 했지만 잠이 들었다.

동구는 방문을 살짝 열어 보고 조심스럽게 닫았다. 강 노인은 약재장을 열고 이것저것 약재를 꺼내기에 여념이 없었다.

"흠. 여기 있었구만. 요즘 기후 때문인지 오염된 탓인지 이만한 약재 구하려면 아주 깊은 산속으로 들어가야 돼. 네가 어렸을 때만해도 지천이던 약초였는데. 다 망가뜨리고 나서 환경 보존이다 뭐다 한들 뭘 하누. 소 잃고 외양간 고치지. 쯧. 하늘과 땅의 조화가 잘 이루어져야 상생의 힘을 얻는 거지. 아무리 세상이 좋아지고 편리한 시대라 해도 자연을 무시하면 안 되는 거야."

강 노인의 말이 끝나기가 무섭게 동구는 궁금증을 털어냈다.

"아버지. 미랑 씨는 어떨 것 같아요?"

"뭘, 어때. 기혈이 반대로 돌아가니 엉망이지. 죽을 병은 아니니다. 쯧. 화순 할망구도 참…… 여식 둘이나 된 게 골골하니 이게 다 현대병이다."

강 노인은 말 하다 말고 아들의 얼굴을 빤히 쳐다보았다. 동구가 미랑을 대하는 것이 남다르다는 생각이 들어서였다. 동구는 마음을 들킨 것 같아 일부러 약재를 들여다보며 호들갑을 떨었다.

"아…… 역시 좋은 약재군요. 이만하면 완전 상급인데요. 미랑 씨가 아버지한테 잘 보였나. 흠. 제가 달이면 되죠?"

"걱정 마라. 더 놔두었으면 마비 올 뻔 했다. 그럼 더 힘들지. 모든 게 경직되어 있어. 약은 탕기 꺼내서 화독에 얹어 놓고 은은하게 달여라."

"화독에요?"

"정성이다. 다리는 사람의 마음이 깨끗하고 간절한 바람만이 좋은 약을 달일 수 있느니라."

"예."

동구는 진심으로 아버지에게 감사했다. 강 노인이 약을 배달해 준다며 탕제원을 나선 뒤 동구의 손길은 바빠졌다. 화덕에 불을 피우고 약재를 잘 손질하여 약수터에서 떠 온 물로 여러 번 헹구어 오랜 세월 손때로 반질거리는 탕기에 담아 한 지로 꼭 봉한 다음 벌겋게 달구어진 숯 덩어리가 가득한 화덕 위에 올렸다. 특별한 경우 약을 달일 때만 쓰던 약 탕기를 꺼내라고 했을 때 동구는 짐작했다. 미랑의 병이 쉽게 낫지 않으리라는 것을.

화덕 위에 약을 올리면 몇 번이고 불에 신경을 써야 한다. 넘쳐도 안 되고 졸아도 안 된다. 일정한 온도로 진액이 우려졌을 때 삼베 보자기에 걸러 꼭 짠 분량이 일정해야 한다.

하루에 세 번씩 달이려면 여간 조심스러운 일이 아닐 수 없다. 화덕 앞에 쪼그리고 앉아 간간이 숯불을 살펴보던 동구는 인기척에 뒤를 돌아보았다.

"어? 미랑 씨. 더 주무시지 않구. 좀 어때요?"

"제가 그만 잠이 들었었나 봐요."

미랑은 미안해하며 화덕 위의 약 탕기를 보았다.

"아주 오래된 탕기네요. 요즘도 이런 걸 쓰나요?"

"요즘은 잘 안 쓰죠. 아버지께서 특별한 처방을 하실 때만 쓰던 거예요. 우리 아버지 특급 비술이죠."

미랑은 고개를 끄덕이며 화덕과 탕기를 자세히 살펴보았다. 바람이 스친 듯 느슨하게 동여맨 머리카락 한줌이 뺨으로 흘러 내렸다. 그 모습이 마치 들에 가득한 억새풀숲의 가녀린 들국화 같다는 생각에 동구는 자신도 모르게 머리카락을 이마 위로 올려 주다 말고 깜짝 놀랐다.

"미…… 미안해요. 나도 모르게…… 그만 머리카락이 내려와서……"

미랑은 무안했지만 애써 내색을 하지 않았다.

"고마워요."

동구는 헛기침을 하며 딴소리를 했다.

"은행잎이 노래졌네요. 버-얼-써 가을인가. 해도 짧아졌어요. 얼마 전만 해도 더웠는데. 아무리 이상 기후라 해도 절기란 어김없죠."

"동구 씨는 남자 분인데도 별걸 다 아세요."

"아버지 덕분이죠. 우리 아버진 별걸 다 아시죠. 산을 오래 타시고 산을 좋아하시다 보니 아, 그러고 보니 전생에 산신령이었나?"

미랑은 소리 없이 웃었다.

"동구 씨는 좋은 분이세요. 마음이 따뜻하신 분 같아요. 늘 웃게 만드는 재주도 있으시구요."

미랑의 칭찬에 동구는 기분이 좋아졌다. 약이 끓고 있는지 진한 약초 냄새가 마당 안에 은은히 퍼져 갔다. 마당에 놓여 있는 대나무 평상 위에 푹신한 좌식 의자를 놓아 주며 미랑에게 앉기를 권하던 동구는 안으로 들어가 대금을 들고 나왔다.

"어머? 대금인가요?"

"젓대라고도하죠. 잘은 못하지만 약을 기다리려면 조금 무료하실 것 같아서요."

동구는 대금의 취공 쪽 끝을 왼쪽 어깨에 올려놓고 잠시 호흡을 가다듬은 뒤 눈을 감았다. 간간이 스치듯 불던 바람이 청아하고 애절한 소리에 길을 잃었는지 은행나무의 여린 이파리들 사이를 맴돌며 흔들고 있었다. 아름다운 모습이라고 미랑은 생각했다. 얼마 만에 갖는 평온의 시간인지 미랑은 눈을 감고 동구의 소리를 들었다. 무엇을 그리워하는 걸까. 동구의 소리는 깊고 깊은 산중에 갇힌 메아리였다. 별을 보고 토해내는 혼자만의 서러움이었다.

미랑의 눈에 눈물이 맺혔다. 오랜 시간 땅땅 얼어버린 그림자 하나가 움찔거리며 녹아내리기 시작했다.

"넌…… 아니야. 네가 가졌던 모든 것들을 좋아하고 사랑했던 난…… 너를 잃은 아픔보다 너를 사랑했던 기억이 죽을 만큼 나를 초라하게 만들고 나의 모든 것들을 엉망으로 만들고 마는 거야. 넌 ……아니야. 이제는 가."

동구의 소리가 그쳤다. 동구의 눈이 촉촉이 젖어 있었다. 멋쩍은 웃음을 짓는 모습을 보며 미랑은 씁쓸해졌다.

"너무 감사해요. 또 들을 수 있을까요? 오늘처럼 이렇게 대나무 평상에 편히 앉아 노오란 은행잎을 보며……"

동구는 고개를 끄덕였다.

"훌륭한 연주였어요. 제게는. 그리고 사람의 모습이 얼마나 아름다운 건지……"

"산에 오르다 보면 가끔 이해하기 힘든 사람들을 만나게 되죠. 한결 같은 고독을 그들은 갖고 있어요. 그들의 공통어는 속세라는 말을 곧잘 써요. 무 자르듯이 잘라버린 연들에 대해 무심한 척하지만 결국 돌아가더라구요. 어쩜 책임감 없는 도망인지도 모르겠어요. 오래전에 산속에서 가끔씩 대금 소리가 들려오곤 했지요. 나도 모르게 소리에 이끌려 찾아다니다 결국 그 소리에 푹 빠져 버렸어요. 그때 배운 거죠. 얼굴도 기억하지 못하고 아무런 추억거리 하나 없는 어머니가 보고 싶을 때면 대금을 부르곤 했어요. 그 순간만큼은 어머니가 내 곁에 있을 거라는 나만의 믿음을 내가 만들어 낸 거죠."

따뜻한 약사발을 만지작거리며 미랑은 목이 메었다. 한 남자가 정성스레 다린 고동색 액체.

미랑은 눈을 감고 천천히 아주 천천히 그 맛을 아니, 그 남자의 정성을 음미하였다.

미랑이 약사발을 비우기를 기다리던 동구는 눈처럼 하얀 박하사탕을 건네주었다. 향긋하면서도 싸 - 한 맛을 입안에 굴리는 미랑의 모습을 바라보며 흐뭇해졌다.

"어린애 같아요. 사탕 맛있어요?"

미랑은 미소를 지으며 고개를 끄덕였다.

"누군가를 보살펴 준다는 것은 참 기분 좋은 일이에요. 더욱이 미랑 씨를요."

동구의 말을 들으며 미랑은 전에도,이런 말을 들었었는데, 하는 생각을 하였다.

"그런데 미랑 씨. 혼자 약을 달여 드실 수 있겠어요? 일일이 불을 피울 수도 없고 어쩐다. 하루에 두 번씩 오실수도 없고."

둘은 난감한 표정을 지으며 마주 보고 웃었다.

"도리 없지요. 제가 시간 맞추어 배달하는 수밖에. 덕분에 미랑 씨 얼굴 하루에 두 번씩 보겠는데요."

"그게 그리 간단한 일이 아닌 것 같아요. 어떡하죠? 다른 방법이 없을까요?"

동구는 고개를 살레살레 흔들었다. 미랑은 멍청히 동구의 하는 양만 바라보았다. 사실은 자신의 병이 무엇인지 어디가 안 좋은지 물어보고 싶었지만 엄두가 나질 않았다. 강 노인의 특급 비술이라는 이렇게 까다로운 방법으로 약을 먹어야 하는 이유가 뭔지 묻기 전에 두려움부터 앞섰다. 그런 미랑의 마음을 눈치 채기라도 한 듯 동구는 아무렇지 않게 설명했다.

"제 동기들이 거의 의사예요. 뭐, 유명한 친구도 있고 나름 동네 의사도 있고 전문 분야도 다양하죠. 미랑 씨 상태로 많이 알아보고 조언도 구해 봤죠. 예전에 비슷한 환자도 봤구…… 신경성에 지나지 않는다는 답을 얻었으니 큰 걱정 안 하셔도 될 것 같아요. 잘 드시고 마음 편히 가지시고 유산소 운동이라는 게 최고라죠."

"정말, 그럴까요?"

동구의 말이 믿기지 않는다는 듯 미랑의 표정은 어둡기만 했다.

"절, 믿으세요."

"믿을까요?"

미랑은 어쩌면 지우지 못할 마음의 상처를 품고 있는지도 모르겠다는 생각이 동구의 뇌리를 스쳤다. 자신이 갖고 있는 그림자처럼……

"오래전에 말이죠. 난 아주 유능한 한의사가 되고 싶었죠. 어떤 병이든 내가 놓는 침으로 완치될 수 있고 지천에 깔린 모든 풀들이 약초이길 바라던…… 난 내 일에 무척 열심이었고 주위를 돌아보지 못하던 아주 나쁜 사람이었어요. 만용이었지요. 한 여자가…… 내게 침을 맞다 갑자기 죽어 버렸어요. 자살했죠. 나하고는 관계없는 일이라고 밝혀지긴 했지만 상대를 생각하지 못한 나의 독선이 결국……"

"동구 씨 환자였나요?"

"어떻게 보면 그런 셈이죠. 그 여자가 나를 만났을 때부터 그 여자의 모든 시간이 나로서 시작되고 있었다는 것을 알면서도 난 그 여자를 편하게 해 주지 못했어요. 그러기엔 내가 너무 작았어요."

"지금도 그 일 때문에 괴로워하시나요?"

"다, 잊었다고 말하면 거짓말이죠. 아버지 덕분에 많이 추스르긴 했지만 그런 일이 있고 난 후, 겁 없이 놓던 침도 눈만 감으면 아른대던 산속의 풀잎들도 그 어떤 것도 손에 잡을 수가 없었어요. 경혈을 찾아 침을 꽂는 이론보다 상대의 기를 읽고 마음을 풀어줄 수 있어야만 병을 잡을 수 있다는 아버지 말씀이 무슨 뜻이었는지 이제 조금씩 알 것 같아요."

동구는 왜 자신에게 묻지도 않은 지난 일들을 털어 놓았는지 미랑은 알 것 같았다. 지극히 담담한 표정으로 동구는 말을 이어 나갔다.

"그러니까 미랑 씨도 말이죠. 툴툴 다-아 버리세요. 하고 싶은 일은 하시구요. 사소한 일 따위는 신경도 쓰지 마세요. 지금의 이 시간 움직이고 숨 쉬고 무엇이든 생각하며 바라볼 수 있다는 사실이 얼마나 행복한지…… 놓치지 마세요. 난…… 난 말이죠. 미랑 씨의 얼굴을 보며 이런 얘기를 할 수 있다는 지금이 이상하게도 행복하다고 느껴져요. 지금 이 순간이 얼마나 소중한지……"

동구의 목소리가 꿈결처럼 아련히 들려왔다. 미랑은 가슴속에서 툭툭 물방울 떨어지는 소리가 들리는 듯했다.

할머니의 나들이

*

할–머–니. 손은 요술쟁이의 손이라고 생각했다. 물론 지금도 그 생각은 변함없지만. 먹을 것이 있다면 먼저 당신 입으로 가져 가 보신 적이 없었다. 주고 또 주어도 모자라 안타까워 늘 무엇인가 찾기에 바쁘고 눈빛에 서린 근심이 웃어도 슬퍼 보이기만 했던 할머니의 종종 걸음이, 얼마나 커다란 사랑이었는지. *

꼭꼭 야무지게도 싸고 또 싼 올망졸망한 보따리들을 식탁 위에 올려놓고 부산스럽게 풀어내던 화순네는 연신 신이 난 모습이었다. 오노는 식탁 의자에 앉아 턱을 괸 채 할머니의 모습을 자세히 살펴보았다. 오노의 어깨만치도 못 미치는 작고 아담한 체구에 두 딸이 쏙 빼닮은 코, 입. 자주는 아니지만 볼 때마다 오노가 자라는 만큼 조금씩 야위어가듯 늙어 가는 곱상한 할머니. 갈수록 눈이 침침하다면서도 돋보기 쓰기를 한사코 거부

하던 할머니. 할머니가 내미는 손엔 언제나 오노를 위한 먹거리가 쥐어져 있었고 오노를 바라보는 눈가는 안타까움으로 촉촉이 젖어 있었다.

눈 뜨면 눈 감을 때까지 손 놀릴 시간 없이 부지런하기만 한 할머니의 화내는 모습을 한 번도 본적이 없었다. 갑자기 오노의 마음속에 진한 감동 같은 것들이 울컥 솟구쳤던 것은 왜였을까.

"보자. 이거 우리 오노 맥일 거구. 요거는, 참 미랑아. 강 노인 말이쟈."

미랑이 내놓은 그릇에 풀어 놓은 것들을 꼭꼭 여며 누질러 담던 화순네가 갑자기 강 노인을 들먹거리자, 미랑은 제 풀에 놀라 하마터면 손에 들고 있던 그릇을 떨어뜨릴 뻔 했다.

"동구 씨 아버님 말이에요?"

"그랴. 참 별일도 다 있구만. 엊그제 올라와서 가마솥에 푹 고아 니 갖다 주라고 유황오리라 하든가. 약 뿌리하고 던져 놓고 갔는디, 생각이야 고맙제. 내 스님 눈치 보여 탕재원까지 내려가 뒷마당에서 고아 갖고 왔당께. 그 노인네 아들이 거들어줘 고맙긴 했지만……"

말끝을 맺지 못하고 미랑의 얼굴을 바라보던 화순네의 눈시울이 붉어졌다.

"니도 시집가야 내가 한갓질 텐디…… 우리 딸 아까워 워쩐다냐. 꽃 같은 시절 다 배리고 다아 내 죄가 많은 탓이랑께."

"참. 엄마는 또…… 또 애 있는데 그런 소릴."

미랑의 면박에 눈가를 훔치던 화순네는 멀뚱히 앉아 있던 오노를 보며 금세 활짝 웃는다.

"그랴. 거시기 우리 오노만 보면 밥 안 묵어도 배 부르당께. 우리 오노하고 천년만년 살겠제. 오노야. 이모는 시집보내 버릴까나."

오노는 고개를 끄덕였지만 왜 갑자기 할머니가 그런 말을 하는지 알 수 없었다. 미랑은 별스럽다는 듯 살짝 눈을 흘겼다.

“긴 것 같아도 금시다. 보랑께. 우리 오노 쑥쑥 큰 거. 언제 크나 했든만 낼 모레 장가 들이게 생겼당께. 미랑이 니도 헛늙는다. 니라도 짝지어 놔야 죽어서도 느그 아버지한테 할 말 하제.”

“참. 엄마두. 무슨 일 있수? 왜 안 하던 소릴……”

“일은 무슨 일…… 진작부터 맘이사 찼던 소리제. 미수야 언제 제정신 올지 모르고 우리 오노도 장성하고 니도 사람 구실하며 살아야 한당께. 언제까지 조카하고 그림만 붙들고 살라고, 그저 여자 팔자 뒤웅박이라고 잘난 것 다 소용 없제. 서방 잘 만나 알콩달콩 사는 게 최고랑께. 그라고 보니께 강 노인 아들이 오리 고는 데 신경 써싼 게 여간 아니든만 듬직하니 자상도 하든만.“

“엄마. 쓸데없이 자꾸만……”

미랑이 오노의 눈치를 보며 화순네의 말을 막았다. 화순네가 그릇에 담아 놓아 준 음식을 떠 먹던 오노는 태연스럽게 할머니의 편을 들었다.

“맞아요. 할머니 나도 장성했다니까요. 이모만 뭘 몰라. 할머니. 이모 시집보내죠. 뭐.”

“오노. 너……”

이번에는 미랑의 눈빛이 오노를 흘겨댔다. 화순네는 뜻밖에 응원군이 되어준 오노가 기특한지 오노의 뺨을 양손으로 비벼댔다. 오노는 할머니의 손바닥이 멍석마냥 까칠하다는 생각이 들었다

“참말. 우리 오노…… 할머니 맘하고 똑같제. 요래요래 볼수록 이쁘게도 생겼을까잉.”

"할머니."
"오야."
"근데, 이모 신랑감은?"
"신랑감?"
"응. 시집가려면 신랑감이 있어야지."
"그랴. 신랑이 있어야 시집가제."
"이모는 신랑이 없잖아. 어떻게 보내?"
"그랴. 오노 말이 맞당께. 에라. 욘석이 할미를 놀리제?"

미랑은 웃었다. 산중의 어머니는 늘 걱정스런 눈빛으로 한숨만 한 짐이었다. 절 살림에 앉을 시간 없이 분주하기만 했던 모습이 가엾기만 했었다. 당신의 업이라고 업 갚음이라고 낮잠 한 번 허락하지 않던 지고지순한 어머니…… 어머니는 해지는 들녘, 밭둑에 깔린 패랭이꽃 같았다. 실로 얼마만인지 모른다. 이렇게 편안한 웃음으로 지킬 수 있는 이 자리가 처음인 듯도 싶은 게 미랑은 마음이 저며 왔다. 자식을 낳아 키워보진 않았지만 자식이나 진배없는 오노를 키우며 딴에는 엄마의 역할을 한다고 했지만 산고를 치루며 들여다보던 자식하고는 또 다르리.

"엄마. 우리 내일 찜질방 갈까요?"
"그래요 할머니. 이모하고 다녀오세요."
"찜질방? 그랴. 가 보끄나?"
"할머니. 노래방도 가요."

노래방이라는 말에 화순네는 좋아라했다.

"가 보제. 연천 할머니 즈그 식구들 하고 댕겨 왔다고 하도 자랑해 은근 가고 싶든만."

"할머니 노래 부르시는 것 한 번도 못 봤는데."

"별별 노래가 꾹꾹 누르기만 하면 나온 담시. 그 노래도 있드나?"

"무슨 노래요?"

"그 있잖냐. 거시기 그 뭐시다냐. 참을 수가 없어도 이 가슴이 아파도 하는 노래 말일시."

미랑은 웃으면서 노래 제목을 말해 주었다.

"여자의 일생"

"아따. 맞다. 그 노래는 다 안당께."

오노와 미랑이 둘만 살던 집. 절간같이 조용하기만 하던 집이 오랜만에 떠들고 웃는 소리로 가득 찼다. 한참을 할머니 앞에서 우스갯소리로 장단을 맞추기도 하고 어리광 삼아 재롱도 피우던 오노는 하품을 하며 자기 방으로 건너갔다. 산중 절에 미수를 놔두고 온 탓인지 웃다가도 심란한 표정을 짓곤 하던 화순네는 꾸벅꾸벅 졸음을 참는 듯하더니 어느새 잠이 들었다. 미랑은 잠든 어머니의 얼굴을 가만히 들여다보았다. 더 늙을래야 늙을 수도 없을 것만 같은 얼굴에 잰 걸음으로 논이며 밭이며 쫓아 다니던 시절이 그림처럼 펼쳐졌다. 어머니는 팔과 옆구리 사이에 구멍이 송송 뚫려 나일론 실로 얼기설기 얽어 맨 때에 전 커다란 광주리를 늘상 끼고 다녔었다. 밭일을 하다가도 논둑을 걷다가도 여린 쑥이나 냉이, 쏙쏙 올라오는 고사리며 발밑에 채이던 도토리 한 알까지도 주섬주섬 담아 대문 들어서기 무섭게 마당에 널어대던 어머니의 부지런함은 어디서 나오는 걸까. 아버지 호령소리 무서워 동네 마실 한 번 돌지 못하던 어머니의 죄는 아들 낳지 못한 죄였다. 소리 소문 없이 읍내에 아들을 둘씩이나 봤던 지아비를 탓은커녕 내 죄려니 하면서 먼 하늘만 올려보던 모습이, 아버지가 돌아가시고 난후 통장 하나를 건네주며 당부하던 모습이 미랑의 눈앞에 아른거렸다.

"느그 아버지가 사 들인 게 많다 해도 도시 시세만 못 함시. 작은집 애들도 있고 니도 별 생각 하지 않제? 살 집 있으면 되제. 죽은 사람 놓고 뒷말 해 봐야 다 죄 되고 업 된다. 느그 아버지 성격이 불 같아도 따로 자식은 봤어도 그래도 내 앞에서 내 손잡고 눈 감았는디."

속 한 번 내 보이지 못하고 꾹꾹 누지르며 달래 온 속앓이 의 유일한 보상이며 위안이었던 것은 아버지의 임종을 지켰다는 것이었다.

미랑은 잠든 모습마저 서럽게 보이는 어머니의 손등을 가만히 쓸어내렸다.

"알고 살라면 못 산당께. 산다 못 산다 해도 사는 게 좋으니 다 살라 하제. 빌어먹고 동냥질해도 산목숨이 좋은께 별짓 다 하고 살제."

미랑은 어머니의 팔을 베고 눈을 감았다. 오랜만에 맡아보는 어머니 냄새였다. 모처럼 편안한 잠을 잘 것만 같았다.

미랑이 눈을 떴을 때 오노는 학교에 갔는지 보이지 않았다. 주방에서 음식 냄새를 풍기며 부산하게 움직이던 화순네는 미랑의 기척소리에 약사발을 쟁반에 받쳐 미랑의 앞에 놓았다.

"니가 어디 안 좋긴 하다냐. 곤한 잠 자는 게…… 근디 이게 무슨 약이다냐. 오노가 어서 갖고 오든만."

미랑은 대충 짐작이 갔다. 동구가 오노에게 전해주고 갔으리라.

"으응. 별것 아니야. 엄마 좀 피곤해서……"

미랑은 황급히 얼버무리며 약사발을 비웠다.

"쯧쯧. 왜 아니다냐. 시집도 안 간 처녀가 엄마 노릇 할라. 시간만 나면 그림 앞에 앉아 얼굴 노래지도록 일어설 줄 모르니 지치기도 하제. 근디 오노는 공부 좀 하제? 대학 간다고 절에서도 밤낮 불공에 야단들이랑께."

"잘하겠지. 뭐, 엄마 너무 걱정 하지 마."

"우찌 걱정이 안 된다냐. 아그가 착해서 탈은 없다만서도 시방 세상 돌아가는 얘기 들어 보면 좀 무섭제. 단속 잘 하고 그나저나 산에 올라 가야겠당께."

"갑자기, 왜?"

"올 땐 며칠 눌러 앉을까 했는디 아무래도 미수가 밟혀⋯⋯ 가야 쓰겄다. 스님은 걱정 하지 말라 했어도 도리가 아니랑께. 느그 얼굴도 봤응께. 뭔 할 일이 있다고⋯⋯"

"그래도 엄마 힘들게 시간 냈는데 찜질방 가기로 했잖아. 오노도 학교에서 돌아오면 서운해할 텐데."

"다음에 가면 되제. 오노도 공부해야 허고 딱, 맘이 불안한 게 미수는 내가 없으면 안 되제."

"참, 엄마두."

화순네는 서둘러 갈 차비를 했다. 미랑은 오랜만에 포근해졌던 마음이 약간 서운해졌다.

"엄마는 미수만 딸인가."

"야가 쓸데없는 소리."

"하룻밤 달랑 자고 이게 얼마 만인데, 요 앞에서 버스 한 번만 타면 금방 가잖아."

"니 나이가 몇 살인데 억지 부린당가."

"난, 뭐 맨날 말만 잘 듣는 딸이라고⋯⋯ 그런 말이나 하고."

“미수는 아프제. 불쌍하제. 그래도 니가 낫다.”

“나도 아픈데……”

“워따메. 우리 미랑이도 투정 부릴 때가 있다냐.”

화순네는 미랑의 얼굴을 애달프게 바라보았다.

“열 손가락 깨물어 안 아픈 손가락이 어디 있다냐. 똑같은 자식이랑께. 그래도 하나는 편해야제. 내가 없으면 니가 힘들어 못 살제. 내 죽기 전에 미수도 병이 낫든가 아님 먼저 죽든가……”

“엄마 미안해. 그냥 서운해서 일부러 그래 본 거야.”

“알제. 다아 알제. 니 속 안당께”.

바래다준다는 미랑을 한사코 말리며 화순네는 버스를 탔다. 버스를 타기 전 화순네는 미랑을 돌아보았다. 마치 먼 길 떠나는 사람처럼…… 잠깐이었지만 망연한 모습이었다.

“거시기 말이제. 사람은 말일시 오래 살면 바람 소리도 알고 풀대기 비비작거리는 소리도 안다제. 실성한 사람도 죽기 전에 잠시 제정신이 왔다 간다든만 나는 미수가 왠지 무섭기만 하구만.”

은덕 스님의 친구 마리아 수녀

하루 만에 돌아온 화순네를 보며 은덕 스님은 어이없어 했다.

"푹 쉬시다 오시라 했더니……"

"참말로…… 여기가 내 집 같은 게 더 낫당께요. 우리 미수하고 스님이 아롱아롱하니 물가에 내 놓은 아그들 마냥 맴이 저려서……"

"미랑이 서운했겠어요."

"안 그래도 별 말을 다 하지라. 생전 고분고분 해싸트만 우짜 이번엔 애 마냥 보채쌓는지……"

"왜 아니겠어요. 말이 산중이지. 먼 곳이 아니잖아요. 가끔 내려가 보세요."

"근디, 미수는…… 스님 속 썩인 일 없지요?"

"화순 할머니 내려가신 것 다 알지요. 걱정 하실 일 하나도 없었답니다."

화순네는 방문을 살짝 열어 보았다. 미수와 마주한 마리아 수녀는 뭔가 손짓을 하며 열심히 말을 하는 중이었다. 화순네는 가슴을 쓸어내리며 한숨인지 안도의 숨인지 분간이 안 될 깊은 숨을 내쉬었다.

"참말, 하루가 며칠같이 길기만 했간디…… 그도 자식인디 오나가나 밟히는 것 천지제. 일이나 해야 쓰것다. 제일 신간 편하제."

"자. 미수. 손톱 좀 볼까? 손 좀 줘 봐. 옳지. 손톱에 봉숭아물이 들었네. 이쁘기도 해라. 엄마가 해 주셨나?"

연신 미소를 띠며 끊임없이 말을 건네는 마리아에게 호의를 느꼈는지 미수는 고분고분했다. 마리아 수녀는 자신의 손바닥을 펴 보이며 손가락 하나하나 움직여 보였다.

"자아. 손가락이 열 개지?"

미수는 고개를 끄덕였다.

"우리 미수 나이는 몇일까? 말 하려고 애쓰지 말고 내 손을 잘 봐."

한 번 두 번. 열 손가락 굽히기를 반복하자, 미수는 고개를 살래살래 흔드는가 싶더니 강한 도리질로 마치 뭔가 부정하는 듯한 몸짓을 시작했다. 마리아 수녀는 황급히 미수를 끌어안으며 진정시켰다.

"아니야. 생각 안 해도 돼. 자자. 됐어. 겁내지 마. 이 세상에 너를 해치려 하는 것은 아무것도 없어. 모두 널 사랑해."

미수는 땀을 흘리고 있었다. 마리아 수녀는 간신히 잠든 미수를 위해 잠시 기도를 한 뒤 마당에서 나무를 바라보고 있던 은덕에게 다가왔다. 둘은 마주 보며 웃었다.

"오랜만이지? 우리…… 이렇게 마주 보고 웃는 것……"

"그러게. 우리 수녀님도 많이 늙으셨네."

"우리 스님도……"

"세월이 무상하다는 말이 지금의 우릴 두고 하는 말 같네."

"난, 어릴 때부터 수녀가 되기를 꿈꾸었지만 현옥이 넌 정말 뜻밖이야. 은덕 스님이 될 줄 몰랐어."

"운명이겠지. 그렇게 생각해."

"그래. 그래서 이렇게 살겠지. 가끔 소식을 듣기도 하지만 곧 잊어버리고 사는 게 우리잖아. 그래도 이렇게 또 만나네."

"미수, 그 아이는 어때?"

"자신을 숨기는데 전력을 다 하고 있었던 것 같아. 그 애가 기억하고 싶은 것은 아무것도 없어. 스스로 버리는 거지. 죽지도 못 하고 한을 만든 거야. 자존심이 강하고 고집스럽고 자기의식이 강한 사람에게 나타나는 일종의 자폐증 비슷해. 난 내 나름대로 일종의 자기 폐쇄증이라고 생각해."

"자기 폐쇄증?"

"너무 오래됐어. 자신을 가둔 지…… 지독히 결벽증이 심한 사람 중의 하나였던 것 같아. 스스로 깨는 방법 밖에 없어. 주의할 점은 자신이 다시 깨어나려고 할 때야. 받아들이지 못하고 혼란에 빠지게 되면 죽음을 택하는 경우도 있긴 해."

은덕은 한숨을 쉬며 나무를 올려다보았다. 거의 잎이 다 떨어진 빈 가지에 몇 알의 감이 대롱대롱 매달려 있었다.

"정신과 치료도 소용없었어. 이 나무 미수를 처음 보던 해 심은 건데…… 이렇게 잘 자라 해마다 곱고 튼실한 감이 주렁주렁 탐스럽게 열리기도 잘하건만……"

"아들애가 있다고 하던데?"

"오노라고 지금 고등학생이야. 하지만 아이를 잘 보려고 하지도 않아.

안타까운 일이야."

마리아 수녀는 잠시 생각에 잠겼다.

"그래. 어쩌면…… 오노라고 했나? 어쩌면 말이지 오노가 기적을 일으킬지도 몰라."

"기적?"

"그럴 수 있어. 모성은 본능이야. 말 못하는 짐승도 자기가 낳은 새끼는 끔찍이 보호하거든. 미수는 자식에게 자신의 모습을 보이기 싫은 거야. 정상적이 아닌 자신의 불행을 감추고 싶은 거지."

"하지만 오노를 낳자마자 거부했거든. 지금까지 한 번도 자기애를 제대로 본 적이 없어."

"글쎄, 지나친 부정은 오히려 긍정이질 않을까? 더 지켜봐야겠지. 진작에 죽고 싶었어도 자기 아이를 지켜 보고 싶었을 거야. 희망이지."

"그랬을까?"

"후후…… 틀림없어."

여유로운 미소가, 드문드문 보이는 새치가, 가느다란 안경테 속의 두 눈이 짙은 회색의 수녀복과 아주 잘 어울리는 늦가을 산중의 해질 무렵은 고적하면서도 평화롭기 그지없었다.

"참, 이상해."

"뭐가?"

"마리아 수녀님…… 당신 말이야. 오래전 아주 오래전 내 친구……"

"지금도 우린 친구지."

"서로 다른 믿음의 길을 가면서 한 번도 믿음에 관한 이야기를 해 본 적이 없거든."

“그랬지. 은덕 스님. 당신이 믿는 부처님이나 내가 믿고 의지하는 성모님이나 사실 같잖아. 신들은 우리에게 많은 것을 가르치며 깨우지. 한때, 난 그 신들을 찾고 매달리며 나를 충족시키기를 갈망하던 때가 있었어. 하지만 모든 것은 내 안에서 시작되고 끝난다는 것을 깨달았을 때 내가 할 일이 무엇인지 알게 되더라구. 어쩌면 인간의 욕심이 모든 걸 만들어 내고 모든 걸 망가뜨리며 사는 것을…… 신은 냉정하고 항상 옳기만 한 거지.”

“그래. 아무것도 담아 두지 않으면 그저 평화스럽기만 한 것을…… 모두 그렇게 살수 없을까?”

마리아 수녀는 은덕의 얼굴을 온화한 눈빛으로 바라보았다.

“항상, 반대적이잖아. 고통과 좌절을 겪지 않으면 또 아무것도 못 할걸. 이루고자 하는 욕심이 없었다면 스마트폰도 생기지 않았을걸.”

“학교 다닐 때 새침하니 말도 없고 잘 어울리지도 않던 분이 이렇게 말씀도 잘 하시고……”

은덕의 말에 둘은 소리 내어 웃었다.

“신이 우리에게 준 커다란 선물 중의 하나가 뭔지 알아? 시간이야. 지나간 일은 잊어버리고 살 수 있는 것…… 현실의 감각만을 느끼며 살 수 있는 것이 얼마나 다행인지…… 그 모든 것을 다 안고 산다면 후…… 숨막혀서 아마 심장이 저절로 폭발할걸.”

은덕은 고개를 끄덕이며 공감했다.

“그래. 망각이란 좋은 거야. 그래도 잊지 못할 것들이 많잖아.”

“믿음이 존재하는 이유 중의 하나야. 자기를 잃어버리지 않는 것. 그런데 한 가지 물어봐도 돼?”

은덕은 대답대신 잔잔한 미소를 지었다.

"그는? 오래전 출가했다는 말…… 누군가에게 흘려들은 것 같아."

마리아 수녀의 물음에 은덕은 가물가물 넘어가는 하루해의 진한 그림자를 쓸쓸한 눈빛으로 바라보았다. 어디선가 꿩의 울음소리가 들려왔다.

"그랬어. 나 역시 출가했어도 결국은 그의 그림자밖에 되지 않는다는 것을 요즘 들어 절실하게 느끼고 있어."

"고민하는 거야? 속죄하는 거야?"

"아직은 나도 잘 몰라. 믿음하고는 관계없다고 생각하고 싶어."

"그 당시 우리 사이에 유행하던 세기의 사랑이었잖아. 두사람의 모습만 보면 그렇게 말하곤 했었지. 사실 부러웠었거든. 요즘 애들 말로 치면 네네. 그렇군. 전설이네요. 하하."

"지금은 아무렇지도 않은 이야기가 그땐 왜 그리도 고통이었는지. 정말 절실했었어."

"아직도 끝나지 않은 것 같은데?"

"음…… 그래. 법당에 앉아 염주알을 굴리며 나 자신을 수없이 채찍질하며 참회한다고 엎드렸어도…… 마리아…… 지금 이 옷 벗어 버릴 수 있을까? 또한 죄를 짓는 굴레일까?"

은덕의 물음에 마리아 수녀는 침묵을 지켰다.

"사실 답답했어. 타고난 수행자도 아니었고 믿음이 필요해서도 아니었어. 이 길을 택해서라도 그를 지켜보고 싶었을 뿐, 새삼스레 나를 배신한다는 생각은 없어. 나에게 쏟아질 비난도 생각하지 않아."

"우린 인간이야. 은덕 스님. 당신이 원하는 길을 가길 바래. 아무도 당신을 심판할 권리는 없어."

"그는…… 많은 것을 사랑하고 늘 괴로워했었어. 그의 그런 모습까지 왜 그리 성스럽고 훌륭하게 보였는지. 내가 그를 사랑하지 않았더라면 그는 출가하지 않았을 거야. 그가 생각하는 자기 세계로 잘 걸어갔겠지. 망가질 일은 없었을 거야. 이젠 그를 지키고 보살펴 주어야 한다는 생각이 점점 강해져."

"은덕. 당신이 부러워. 전에도 지금도…… 당신은 당신이 택한 것을 버리지 않는 훌륭한 사람이야. 지금은 공존의 시대야. 상실이라는 것은 지극히 개인적인 편견이지. 우리 모두 서로 돕고 살아가길 원하잖아."

"고마워. 그렇게 말해 줘서. 사실, 누구에게 내보이지도 못하고 많이 괴로워했어. 하지만 지금 그 가 많이 아파. 누군가 보살펴야 하고, 늦는다면…… 내가 더 늦장을 부리고 망설인다면 그는 그대로 모든 걸 잊어 버리고 말거야."

"그럼…… 소문이 사실이었어? 미친 스님이 산속에서 도 닦다 죽어간다는?"

"그런 소문도 있었네? 치매 증세가 있는 것 같아. 전해들은 것은 그 뿐이야. 두려운 것은…… 그가 나를 기억할까? 어쩌면 모든 것을 잊고 싶어 하는지도 몰라."

"다는 아니겠지만 아무렴 어때? 잊었다면 새로운 사랑을 시작하면 되지. 옛날의 현옥이가 아니고 지금의 은덕으로 다가가면 되지."

"한 번도 그의 얼굴을 제대로 본 적이 없어. 난 늘 그의 뒤를 좇았을 뿐이야. 멀리서 그가 머무르는 곳을 바라보며 서성이다 돌아서기를 수도 없이 했었어. 한 번은…… 한 번은 말이지. 그가 많이 아픈 거야. 깊은 산중 움막 같은 절간에서 돌봐 주는 사람 없이 혼자 아픈 거야. 아주 추운 날이었어. 방문을 열어 보니 불도 때지 않은 방에 그대로 누워 있는 거야. 땔감을 찾아 아궁이에 불을 지펴 죽을 끓여 놓고 요 밑에 약값을 밀어 넣고 산을 내려오는데 심장이 산산조각이 나는 기분이었어. 그러면서도 마음 한구석으로는 부처님 용서하십시오. 지금도…… 부처님 용서하십시오…… 용서 하십시오. 내가 뭘 그렇게 잘못하고 살았다고…… 그는 늘 어디론가 숨고 난 찾아다니고 …… 이젠 숨을 기력도 없어졌나 봐."

마리아 수녀는 가느다란 한숨을 쉬었다.

"내가 가져 보지 못한 것들을 당신은 다 갖고 있네. 누군가를 제대로 사랑 한 번 해 보지 못 하고 수녀복을 입은 내가 입으로는 고귀한 사랑, 당신에게 축복을…… 성모님의 은총을…… 그런 말 들을 수 없이 하면서 또 그들을 위해 기도를 하면서 난 정말 그들을 사랑하고 있는 걸까? 라는 반문을 나 자신에게 하던 때가 있었어. 사실 그 아픔을 난 잘 몰랐던 거야."

"지금은 알아?"

"이젠…… 알지. 시간이 말해 주었던 거야. 모든 것이 아름답고 소중히 여겨지고 어린아이 울음소리조차 안쓰럽고…… 생명의 존엄성을 …… 깨달은 거지. 난 모든 것을 소중하게 여기며 다가섰어. 그들의 고통을 함께 나누며…… 나의 길을 가는 것뿐이지만. 그것이 내가 바라던 거였다는 것을 알기까지 나 자신이 걸어가고 있는 길을 의심하고 나 자신을 저울질하며 산다는 것이 참 고통스러운 일이었어."

"행복해?"

은덕의 물음에 마리아 수녀는 활짝 웃었다.

"누군가들을 위해 날마다 기도하고 나누어 줄 수 있는 일을 생각하며 살 수 있다는 것이 얼마나 다행인지…… 나를 세워 준 하나님께 감사하지. 그리고…… 난 나를 믿어. 그 뿐이야."

"역시…… 학교 다닐 때에도 늘 성경책만 들여다보더니 타고난 성직자였어."

"은덕 스님. 고통에 비해 모든 해답은 단순하더라구. 출가했어도 해야 할 일이 있다면 해야지. 난 그렇게 생각해."

"고마워. 그렇게 말해 주어서…… 그러고 보니 내가 치료 받았네. 마리아 수녀님. 당신을 만난 것…… 친구가 있다는 것…… 참 좋아. 정말 좋아. 염주를 손에 잡는 순간부터 모두 내게서 멀어졌었어. 그들은 우리를 경원하지. 대부분 자신들이 할 수 없는 소원들을 이루어 줄 수 있는 사람이라고 생각 하는 거야. 특별한 사람인 거지. 외로웠어. 나 자신의 고통도 없애지 못하는데 그들의 구원자마냥 포장되어야 한다는 게, 똑같이 행동하고 산다 해도 우리가 하면 필요 이상의 구설이 되는 것…… 항상 고자세로 자리를 지켜야 한다는 게…… 그렇게 보이며 살아야 한다는 게 너무 힘들었어."

"아마도 은덕이란 스님이 오래전 현옥이라는 내 친구였기 때문에 오래전 당신을 알고 있었기 때문에 난 당신에게 조금 더 후해질 수 있었을 거야. 하하 낙하산 우정인가…… 그때나 지금이나 여전히 당신은 곱고 여린 걸. 이젠 망설이지 마. 당신답지 않아. 이 세상에 태어나 하지 못한 일이 있다면…… 그걸 알고 있다면 혼신을 다 해야지. 당신의 부처님도 그렇게 생각 하실걸."

둘은 손을 꼭 잡고 어둑해지는 하늘을 보았다. 맑고 차가운 공기 탓인지 드문드문 보이는 별이 유난히도 반짝거렸다. 마리아 수녀는 공기를

"후" 들이마시며 말했다. 부드러운 목소리였다.

"별은 멀리 있는 게 아니었어."

마리아 수녀는 산을 내려가며 두어 번 뒤를 돌아보았다. 마냥 서 있는 은덕의 모습이 허허로운 벌판의 한그루 어린 나무처럼 보였다.

"다음에…… 다음에 또 만나게 된다면 그땐 우린 어떤 모습으로 만나게 될까……"

새로운 시작

오노는 학교에서 돌아오는 길에 아파트 현관에서 나오는 동구와 마주쳤다.

"어? 오노. 지금 돌아오는 길이네. 마침 잘 만났다. 이거……"

작은 보온병을 오노에게 건네주는 동구에게 내심 궁금했던 차라 오노는 동구에게 되물었다.

"이거…… 또 약이에요?"

"음. 지나는 길에 들렀더니 이모가 안 계시네. 깜빡 전화하는 걸 잊었어. 요즘 약 배달이 좀 많거든."

"우리 이모가 아픈가요?"

"아니, 뭐 꼭 그런 건 아니고 이맘때면 여자들은 보약이라는 걸 많이 먹기도 하지."

"그럼, 보약인가요? 이런 약 먹는 걸 본 적이 한 번도 없어서요."

갑작스런 오노의 물음에 동구는 더듬거리며 딴청을 부렸다.

"어이, 그…… 그런데 오노. 시험 준.. 준비는 잘 하고 있니?"

"그냥요. 똑같이 공부하고 있어요."

"맞아. 평상시와 똑같이 하면 되는 거야. 내공이라는 것 그게 말해 주는 거지. 흠. 실력이라는 것은 갑자기 나타나는 것이 아니지. 흠흠."

"정말, 우리 이모 보약이죠?"

"그…… 그럼. 아프면 병원에 가지. 보약 먹겠니? 그리고 난 의사가 아니잖아."

"하긴요. 아저씬 의사가 아니죠."

동구는 부드러운 목소리로 오노를 불렀다.

"오노."

"네?"

"난, 네 이름이 참 좋다."

갑자기 웬 뜬금없는 소리냐는 눈빛으로 오노는 동구를 쳐다보았다.

"왠지 말이야. 널 보면 내가 어려지는 기분이거든. '오노' 하고 네 이름을 부르면 동화 속의 어린 친구를 부르는 기분이란 말이야. 아마 네 이름에 특별한 마법 같은 게 있나 봐."

"아저씨. 왜 그러세요? 보약은 아저씨가 드셔야 되는 것 아니에요? 허하신 것 같은데."

동구는 오노의 이마에 알밤 먹이는 시늉을 했다.

"너 동구표 밤 맛 좀 볼래?"

"하하. 이젠 안 무섭거든요. 주먹 밤 시대 한물 갔거든요."

"많이 컸네. 짜아식. 그건 그렇고 오노. 이모 오시거든 잊지 말고 약 드시라고 해. 약이란 건 말이지 옆에서 챙겨 주는 맛이거든."

오노는 고개를 끄덕이며 서둘러 돌아가는 동구의 뒷모습을 지켜보았다. '우리 아버지도 아저씨 같은 사람일까' 하는 생각이 들자 도리질하듯 머리를 흔들었다. '안 돼. 시험 봐야 돼. 마음을 비우라고 스님도 그러셨는데.'

동구의 말대로 미랑은 집에 없었다. 요즘 들어 말수도 없어지고 이젤 앞에서 보내는 시간도 부쩍 늘어났고 아무튼 전에 없이 우울해 보이는 미랑이 마음에 걸렸지만 오노는 모른 척 하기로 했다. 지연이 해 준 말이 마음에 걸리기 때문이었다.

"오노. 너네 이모 말이야. 시집가야 되지 않아? 사실, 나이가 좀 많잖아. 요즘은 다들 늦게 간다고는 하지만 그래도 이모는 좀 억울할 것 같아."

"억울?"

"그래. 이 바보. 너 생각해 봐. 너네 이모 너 키우느라 여직 시집 못 간 것 아니야? 엄마가 아니잖아. 사실 너 아니면 버-얼-써 가고도 남았겠다. 너 그런 것 생각해 봤어? 하긴 남자니까 잘 모르겠지."

지연의 말을 들은 후 한 번도 생각해 보지 않은 것들에 대해 오노는 한 가지씩 찾기 시작했다. 그리고 자신을 둘러싼 것들이 얼마만큼이나 커다란 보호막이었는지 새삼 알게 됐다. 그 점에 대해서 오노는 지연에게 고마움을 느꼈다. 단 예전과 똑같이 이모를 대할 수 없는 것이 조금 힘들었지만, 이모 얼굴을 볼 때마다 미안한 마음이 앞섰던 것은 사실이었다. 그 문제에 관해서 창선이하고 의논해 본 적도 있었다. 창선은 심각한 얼굴로 진지하게 말해 주었다.

"오노. 사실 이모가 너 때문에 희생 한 거잖아. 그래도 네 잘못은 아니잖아. 그렇다고 지금 네가 어떻게 해 볼 수도 없잖아. 가장 좋은 방법은 말이지. 이모가 바라는 대로 좋은 대학에 가는 거야. 그리고 대 기업에 입사해서 돈을 벌어 호강시켜 주면 되잖아."

"대기업?"

"그래. 대기업. 아니면 공무원. 요즘 철밥통이 최고라잖아. 학벌이 나쁘면 좋은 회사도 못 간대. 난 말이지 돈이나 많이 벌래. 땅 사고 건물 짓고 임대 사업 같은 것 말이야. 같이 일하던 점장도 그랬어. 세상은 말이지 돈이 많든가 빽이 있든가 그래야 살 수 있다고. 대학교 졸업장도 말이지 정말 필요하면 돈 주고 살 수 있대. 난 대학 가긴 틀렸고 우리 엄마 하고 누나 보살피려면 돈을 많이 벌어야 할 것 같아. 정 필요하면 돈 많이 벌어 사지 뭐. 까짓것 사 버리면 되지. 대수라고…… 그래도 일생에 한 번뿐인데 찌질한 쌤들 안 보고 자유롭게 공부할 수 있는 좋은 기회인데…… 재미있을 거야. MT도 가고 학생 운동도 해 보고 미팅도 하고……"

창선의 말을 들으면서 오노는 창선에게 미안해졌다.

"미안해. 창선아."

"뭘?"

"사실. 너도 대학교 가야 되는데…… 넌 갈 수 있는데…… 뭐든 열심히 잘 하잖아."

"시시한 소리 하지 마. 사실 말이지 토종 부자들은 학벌이 없다는 것 알아?"

"토종 부자?"

"그래. 여기 땅 부자들 말이야. 공부 안 하고 살아도 땅값 오르니까 좋은 차 몰고 자식들 성적 안 되니까 거의 외국 유학 보낸 대잖아. 갔다 오면 뭘 해. 노래방이나 휴대폰 매장이나 차릴걸. 그래도 최종 학력이라잖아. 모임이란 모임은 다 나간대. 비즈니스 잘하고 줄 잘 서다 시의원 출마한대."

창선의 말에 오노는 감탄했다.

"넌, 정말 대단해. 어떻게 그런 것들을 알고 있는 거지?"

"바보, 너만 모르는 거야. 알바 하다 보면 그런 이야기쯤 별것 아니야. 그러니까 넌 열심히 공부 잘해서 엉터리 같은 놈들 코 좀 납작하게 해 봐. 서울권 학교만 가도 시가지에 플랜 카드 걸리잖아."

대학을 가지 못한다는 서운함에 창선이 멋대로 말하고 있는 것이라는 생각이 들기도 했지만 오노는 잠자코 창선의 말을 들었다. 창선의 말들이 지금 자신에게 필요한 것이 아니라는 것쯤은 오노도 알고 있기 때문이었다. 창선은 어깨를 으쓱하며 마치 어른인 것처럼 오노의 등을 두드리며 씩씩한 목소리로 말했다.

"이봐. 오노. 미리 걱정하며 사는 것은 찌질이들이나 하는 짓이라구. 오늘은 오늘 일뿐이야. 열심히 살면 돼. 너 서울권 가면 알바비 털어서 내가 플랜 카드 걸어 줄게. 약속해도 좋아. 아.. 참, 나 폰 팔이 알바 할 거야."

"폰 팔이?"

"뭐…… 수능이다 뭐다 해서 공부도 어수선하고. 수능 끝나면 사실 난 졸업식 날 졸업장만 받으면 되잖아. 출석해 봐야 허당이고 미리 취직이나 해야지. 폰 팔이 하면 수당이 많이 떨어진대. 수능 끝나면 엄청 팔릴 거라고 그러던데 너도 나한테 해야 돼. 실적이 좋으면 정식으로 직원 채용도 해 준다고 사장이 그랬거든. 지연이도 신형으로 바꾸라고 해야겠어. 토비도 도와준다고 했어. 수당 많이 타서 우리 엄마 오리털 파카하고 기모 바지 사 줄 생각이야. 큰 시장 골목 앞에 돼지고기 스테이크 포장마차 차렸거든. 다행이야. 박스 주우러 안 다녀서."

오노는 창선의 뒷모습을 오래토록 바라보았다. 창선의 뒷모습이 초겨울 바람 속으로 질질 끌려가고 있었다. 창선은 오노 앞에서만큼은 최대한 예의를 지키며 어른스러운 척했지만 오노는 알고 있었다. 창선이 정말 좋은 친구가 되고 싶어 한다는 것을. 오노는 창선에게 위로의 말 한마디 해 주지 못한 것이 마음에 걸렸다. 괜한 말을 해서 창선의 자존심을 건드릴 수도 있었기 때문이었다. 시험이 끝 난후 창선에게 고맙다는 말을 꼭 해야겠다는 생각만 가졌을 뿐이었다. 어찌 됐든 지금은 창선의 말대로 좋은 대학 가는 것만이 이모를 기쁘게 해 줄 수 있는 방법인 것 같았다.

오노는 시험 볼 때까지 아무 생각도 하지 않기로 했다. 동구가 가져다주는 약에 대해서도 궁금증은 풀렸고 내심 걱정하던 일은 아무것도 아니었다는 생각을 하며 미랑의 방문을 열어 보았다. 언제부터 그랬는지 이젤에는 대금을 부는 한 남자의 모습이 자리를 잡아가고 있었다.

노오란 은행나무 밑의 평상에 앉아 대금을 부는 남자의 모습이 쓸쓸해 보였다. 미랑의 그림에서 볼 수 없었던 모습이었다. 오노는 그림을 들여다 보다 제 방으로 돌아와 책상 앞에 앉았다. 불현듯이 미수가 생각났다. 엄마라고 했지만 한 번도 엄마라고 불러 보지 못했다. 자신을 보면 외면해버리던 엄마는 그리움보다 두려움이었다. 할머니나 은덕 스님은 엄마가 많이 아파서 그런다고 말해 주었지만 오노는 엄마가 자신을 미워한다고 느껴졌다. 아무것도 잘못한 것이 없는데 오노는 억울해졌다. 엄마가 자신을 키워 주었더라면 미랑에게 미안하고 불편한 마음을 가질 일이 없었을 것이라는 생각도 들었다. 어렸을 때 주위 사람들은 오노를 보며 혀를 차기도 했었고 아이들은 오노를 가까이 하지 않으려 했었다. 그래서인지 미랑은 오노를 혼자 두지 않았었다. 결국 오노를 위해 모든 것을 포기해야 했던 미랑은 피해자였다.

"바보 같은 엄마. 키울 자신 없으면 낳지를 말지."

오노는 한숨을 쉬었다. 아무것도 풀어 갈 능력이 없는 자신이 해야 할 일은 결국 공부 밖에 없었다.

꼭두새벽에 일어나 공양칸에서 한참이나 부산을 떨던 화순네는 뜸을 들이던 솥의 찹쌀밥을 절구에 부어 나무공이로 찧기 시작했다. 은덕은 산사 주변을 돌며 나무의 마른 가지를 잘라내다 화순네가 애지중지 닦아내던 장독대를 보며 웃음을 지었다. 아침 햇살에 반들거리는 크고 작은 항아리들은 화순네의 보물이었다. 시골 살림을 정리하고 미수를 돌보기 위해 산사로 왔을 때 항아리와 옴팍한 돌절구를 힘들게 옮겨놓으며, "장맛이 좋아야 맛깔난 음식도 있제. 손으로 조물조물 치대야 떡맛도 있는 거구……" 멋쩍게 말하던 모습이 눈에 선했다. 돌절구는 때마다 화순네의 훌륭한 조리 기구였다. 언제 짝을 맞추었는지 주먹보다 더 큰 차돌멩이는 마늘도 갈아 주고 멸치도 갈아 주고 들깨도 갈아 주었다. 가끔, 콩콩거리며 찍어대는 소리는 산중의 적막함을 깨고 어느 때인가는 메아리도 불러들였다.

"일찍이 뭘 하신다고?"

은덕 스님은 김이 모락모락 오르는 허연 밥덩이를 들여다보았다. 구수한 쌀 냄새가 퍼져 왔다.

"스님, 절구 소리에 방해 되신 것 아니당가요?"

"이미 하시면서 걱정이세요. 찰떡 하시려구요?"

"오노 시험이 코앞인디 나가 해 줄 게 뭐 있당가요. 찰떡이라도 올려야제요.

"틈만 나면 기도 하시고 절하시든만 시험은 오노가 알아서 잘 볼 테니 너무 무리하지 마세요. 그리고 삼배 정도만 하시구요. 무릎 상하시면 어쩌시려구요."

"다른 스님들은 절 많이 하라고 그러든만 어째 우리 스님은 관대한지 모른당께요."

"절 많이 하는 것도 힘 있을 때 말이지요. 어르신들 뼈도 약한데 병 됩니다. 부처님께서도 다 알고 계시니까 걱정하지 마세요. 부처님 말씀대로 살면 돼요."

이마에 송글송글 맺힌 땀을 닦으며 화순네는 은덕 스님을 빤히 쳐다보았다.

"공이 이리 주세요. 제가 찧을게요."

"글씨. 괜찮은디…… 스님. 힘들어 안되지라."

"세상에 힘든 게 어디 있습니까? 다 사람이 저 편하자고 만들어 놓은 것인데."

화순네는 질척해진 찹쌀밥에 살짝 물을 뿌렸다.

"근디…… 스님. 요즘 자꾸만 그런 생각이 든당께요."

"무슨 생각요?"

"우째, 스님이 멀리 갈 것 같은…… 참말, 몹쓸 생각이…… 우리 두고 안 갈 거제요?"

은덕 스님은 절구질하던 팔을 멈추었다. 햇살에 화순네의 얼굴이 반짝

빛나 보였다. 로션 한 번 제대로 바르지 않은 버석한 얼굴에 거뭇하니 흔히들 저승꽃이라고 하는 반점이 제법 눈에 띄었다.

"저하고 참 오래 살으셨지요? 벌써 오노가 스물이 다 되니…… 참 세월 빠르죠?"

은덕 스님은 눈을 가늘게 뜨고 하늘을 보았다.

"십 년이면 강산도 변한다는데…… 만날 보는 곳이라 그런지 변한 게 없는 것 같아요. 오노 할머님. 고생 많으셨어요. 속도 모르고 만날 법당 기도 한답시고 우리 식구 힘든 속은 알아주지도 않고 제가 참 나쁘죠?"

은덕의 말에 화순네는 펄쩍 뛰었다.

"거시기, 참. 스님도. 말이사 바로 해야제. 우리 스님만 한 분이 어디 있당께요."

"제가 복이 많아 따스한 밥에 맛있는 찬에 이리 건강하니 큰 은혜를 받았지요. 제게는 어머님 이상이셨어요."

"스님 아니었으면 우리 미수하고 오노가 우찌 살았당가요. 남의집살이 안 하고 눈치 안 보고 내 집 마냥 편안히 살았으니 나사 우리 스님 은혜 죽을 때까지도 못 갚는당께요."

"은덕암은 오노 할머님이 주인이세요. 장독대도 마당도 텃밭도 다–아. 오노 할머님이 계셔 은덕 암을 찾는 사람들이 편안히 물 한 모금이라도 드시고 갈 수 있었으니 우리 은덕암이 복 받았지요."

"참말. 갈수록 우리 스님은 이상한 말씀만 하제."

목 메인 소리를 하며 눈가로 손을 가져가던 화순네는 저 만치 홀연히 서 있는 미수를 보았다.

"오매. 쟈가 뭔 일이다냐."

미수는 은덕과 화순네를 멀뚱히 쳐다보고 있었다. 화순네는 성급히 미수에게 다가갔다.

"저지리나 안 했을까이. 참말 아침 댓바람에 무신 사단인고."

"엄……마."

들릴 듯 말 듯 한 소리에 화순네는 자신의 귀를 의심했다.

"뭔, 소리랑께…… 미수야."

"엄……엄마."

엄마라는 말이 미수의 입에서 작지만 또렷한 목소리로 흘러 나왔다. 화순네는 꺾인 풀대처럼 주저앉았다. 은덕을 바라보며 뭐라고 말했지만 말보다 먼저 눈물부터 줄줄 쏟아야만 했다. 은덕은 미수의 손을 잡아 주었다.

"미수야."

"스..님.."

화순네는 사방을 둘러보며 허리를 굽혀 합장을 하며 들뜬 목소리로 떠들어댔다.

"하이고. 부처님. 참말…… 참말 여기 계셨당께. 만날 빌고 또 빌어도 모른 체하는가 싶드니요…… 야속하다 싶드니요…… 모진 맘 풀어 주시니 참말 고마운 부처님…… 참말 고맙지라. 고맙지라."

미수는 현기증을 느꼈는지 가볍게 휘청거렸다.

"어서 안으로 데려 가세요."

은덕 스님의 당부에 미수를 데리고 안채로 들어가는 화순네의 뒷모습을 보며 은덕은 갑자기 일어난 기적 같은 일에 대하여 형언할 수 없는 진한 감동을 느꼈지만 새삼 마리아 수녀의 말이 마음에 걸렸다.

"받아들이지 못 하면 죽음을 선택할 수도 있어."

허수아비

아침 일찍 동구는 오노를 시험장에 데려다 주기 위하여 아파트 앞에서 차를 대기시켜 놓은 채 오노를 기다리고 있었다. 미랑은 밤을 꼬박 새웠는지 한층 핼쑥한 얼굴로 준비해 놓은 호박죽을 차려 주었다.

"불안하게 생각하지 마. 서두르면 아는 문제도 잊어버려."

사실 시험이 시작되기 전까지 주위의 걱정과는 달리 오노는 별 생각을 하지 않았다.

"오노. 까짓 거. 별것 아니야. 다–아. 해 본 거야. 그래도 우리 때는 학원이 어디 있어. 안 그래요? 미랑 씨. 사실 등록금이 걱정이었지. 지금 애들은 편하게 공부하는 거야."

미랑은 걱정스런 눈빛으로 오노를 바라보았다.

"아…… 이모. 그런 눈으로 보지 마시라니까. 나 잘할 수 있다니까요."

"알고 있어. 널 믿어."

"에이. 그 말이 더 무섭다니까."

"그래요. 미랑 씨. 시험은 오노 거니까 오노가 잘 알아서 할 거예요. 너무 걱정하지 마세요."

학교 정문 앞에는 수험생들을 따라온 사람들로 인해 꽤 북적거렸다. 플랜 카드를 양쪽으로 든 학생들이 "힘내세요. 선배님." 하며 학교 교가를 열심히 부르기도 했고 정문으로 들어서는 학생들에게 따뜻한 차를 나누어 주는 등, 분주하기만 했다.

"오노."

낯익은 목소리에 고개를 돌리자, 뜻밖에 지연이 서 있었다.

"날이 따뜻해서 다행이야. 내 몫까지 잘 봐야 돼."

지연은 초콜릿 한 조각을 오노의 입에 넣어 주었다.

"어.. 어."

"선물이야. 긴장하지 말라고."

달콤하고 쌉싸르한 맛이 목구멍으로 꿀꺽 소리를 내며 넘어가고 있었다. 후끈 얼굴이 달아오른 오노는 혹시 이모가 보지 않았을까하는 생각에 주위를 두리번거렸다.

"창선이 전해 달래. 자기 몫까지 시험 잘 보라고. 오고 싶은데 선생님이나 애들 보면 쪽 팔려서 일부러 안 온대. 대신 진하게 쏜대나."

지연이 뭐라고 계속 말하고 있었지만 오노는 입에 넣어 준 초콜릿 때문에 건성으로 듣고 있었다. 교실로 향하면서 뒤를 돌아보니 얼핏 미랑의 모습이 보였다. 곁에선 동구는 미랑의 목에 목도리를 둘러 주는 듯했다. 오노는 손을 들어 보였다. 동구는 미랑에게 돌아가자고 말하려다 그만두었다. 여느 엄마처럼 걱정스런 눈빛으로 오노가 사라진 텅 빈 운동장을 바라보는 모습이 마치, 파도가 출렁이는 바다가 보이는 벼랑 끝에 우뚝 선 망부석 같아 보였기 때문이었다.

"잘하겠죠?"

"아! 그럼요. 요즘 애들 보면 오노는 착하게 잘 자라준 거예요. 물론 미랑 씨가 잘 키웠지만."

동구의 말에 미랑은 눈물을 글썽였다.

"이상해요. 오노가 클수록 멀리 가 버리는 느낌이에요. 지금도 이 순간이 저 애에게 얼마나 중요한지 알면서 왜 이런 생각이 드는지……"

"오노는 어린애가 아니에요. 하긴 우리 노인네도 나만 보면 애 취급이죠. 약 배달 나갈 때도 다른 곳에 갖다 줄까 봐 따라 나설 정도라니까요."

"매일 걱정하며 살았어요. 혹시라도 잘못되면 어쩌나…… 아이들이 놀려서 나 몰래 울지나 않았을까…… 그런데 벌써 이만큼 커 버렸어요. 이젠 뭘 어떻게 해 줘야 할지 잘 모르겠어요."

"참, 오노는 행복하군요. 이렇게 걱정해 주는 이모도 있고."

"아니에요. 그렇지도 못했어요. 어느 땐 오노가 없으면 했을 때도 있었어요. 어쩔 수 없는 상황이라 오노를 맡을 수밖에 없었어요. 그런 생각을 한 적이 있었다는 것이 오노에게 미안해질 때가 많아요. 혹시, 오노도 알고 있을까요?"

"그것은 미랑 씨 생각일 뿐일 거예요. 아마도 오노는 마음에 담아 두지도 않았을 걸요. 미랑 씨는 엄마 역할을 잘 해 내신 것 같은데요. 산속의 어머님처럼요."

화순네 말이 나오자, 미랑의 얼굴에 미소가 감돌았지만 그것은 서운하면서도 아쉬운 듯한 표정에 더 가까웠다.

"어렸을 때도 엄마는 미수를 더 꼈는 걸요. 우린 쌍둥이지만 전혀 달랐어요. 얼굴이야 조금 닮긴 했었지만요."

"서운하세요?"

"내가 먼저 태어나 언니래요. 뭐든 참으라 하고 언제나 동생한테 잘해야 한다는 소리…… 나도 모르게 그 소리에 익숙해져서 아니, 길이 들었나 봐요."

"엄마들은 동생들을 더 끼잖아요. 사실은 맏이를 더 믿고 좋아하면서요."

"내리사랑이라고들 하지만 어렸을 때에는 똑같지도 않은 쌍둥이 동생을 보며 난 주워 왔나 보다 하는 생각에 일부러 밥을 굶은 적도 있었어요."

"하하. 사춘기 때였나요? 나도 아버지가 미울 때가 있었지요."

"동구씨도 일부러 밥을 굶으셨나요?"

"밥은 아니었고 친구 집에 숨어 있었죠. 지금 생각하면 죄송한 일이죠. 그때 처음 아버지의 눈물을 보았죠. 참, 이상한 것이 아버지의 눈물을 보는 순간 나도 눈물이 나더라구요. 그때 결심했어요. 아버지를 울리는 일은 안 하겠다고 말이죠. 비교적 말 잘 듣는 아들이 되기로 한 거죠."

"미수 때문에 통곡하시던 엄마 모습에 어쩔 수 없었어요. 엄마 혼자 모든 것을 감당하게 할 수 없었어요. 결국 이곳에 살게 된 거죠."

"후회 되세요?"

동구의 물음에 미수는 대답을 하지 못했다

긴 시간이었다. 오노의 기억에 남는다면 시험을 치르던 그 시간은 아마도 세상에 태어나서 처음으로 시간의 급박함을 느끼며 신중한 하루였는지도 모른다.

오노는 정문 앞에 서 있는 미랑과 동구를 보았다. 기가 막힌 오노는 미안한 마음과 동시에 미랑 의 고집에 긴장 속에 보낸 하루가 허탈하게 무너진 기분이었다. 마치 개울가에 앉아 아귀가 맞지 않는 크고 작은 돌멩이들을 포개어 애써 쌓아 올린 돌탑이 비뚤어진 틈새를 못 이겨 우르르 무너지는 것과 같은……

장대같이 기다랗게 커 버린 오노가 손을 흔들며 다가오고 있었다. 미랑은 그런 오노의 모습에서 어렸을 때의 오노를 보았다. 언제나 미랑의 손을 놓지 않으려 하던, 수줍음이 많아 쭈뼛거리며 미랑의 뒤로 숨기만 하던 갈색의 윤기 나는 머리카락을 가졌던 어린아이, 어린 오노는 휘적거리며 팔랑거리는 메마른 나뭇잎처럼 바람 소리를 내며 다가왔다.

"이모. 여직 여기 있었던 거야?"

힐난하듯 한 오노의 말투에 미랑은 눈이 부신 듯 오노를 쳐다보았다.

"으응…… 딱히 할 일도 없는 것 같아서."

"바보같이…… 만날 아프다면서…… 감기 들면 어쩌려구."

"흠. 오노. 수고했다. 이모가 말이지. 널 놔두고 못 가신다잖아."

"오노. 힘들었지? 어렵진 않았어? 답 빠뜨리진 않았어? 교실은 춥지 않았지?"

한 번에 쏟아지는 미랑의 걱정에 울컥 치미는 감정을 겨우 누르며 오노는 볼멘소리로 말했다.

"내가 뭐 어린애야. 바보처럼 기다리기나 하고……"

"하하. 그래. 오노 이제 한 짐 벗은 거야. 오늘 긴장 많이 했지? 이모도 같이 시험 봤네. 우리 땐 말이지. 입학하고 졸업하고 시험 보면 짜장면 먹었거든. 어때? 짜장면?"

동구의 바람몰이에 오노는 감사하며 맞장구를 쳤다.

"지금도 짜장면 먹거든요. 시장 근처에 반값 짜장 집이 맛있어요."

"아! 거기. 착한 가격 집."

"아저씨도 아세요?"

"동두천 바닥에 내가 모르는 데가 어디 있냐. 미랑 씨. 괜찮으세요? 미랑 씨는 유산슬 같은 것 드셔도 괜찮은데."

"아니 저도 짜장면 좋아요. 그런데…… 동구 씨. 시간을 너무 뺏는 것 같아……"

"오늘은 오노를 위해 봉사하기로 한 날이니까 그런 염려는 버리셔도 되구…… 오노. 착한 집에 가 볼까."

허름한 식당 안은 반값에 어울릴 만큼 탁자며 의자 등 모든 것들이 지나치게 낡아 있었지만 오노는 창선이 와 몇 번 와 본 적이 있기 때문에 익숙한 동작으로 자리에 앉았다. 의자는 오노의 무게가 버거운 듯 기우뚱거렸다. 미리 와 짜장면을 주문했던 사람들 때문인지 가게 안은 짜장을 볶는 소리와 구수하면서도 짙은 짜장 냄새가 진동하고 있었다. 동구는 미랑에게 탕수육이나 유산 슬 같은 요리를 시키라고 권유했지만 미랑은 굳이 짜장면을 먹겠다고 했다. 주문한 짜장면이 나오자, 동구는 젓가락을 털며 익숙한 솜씨로 짜장면을 비볐다.

"역시 짜장면은 나무젓가락으로 요렇게 비벼야 제 맛이지. 아무리 김치가 좋다지만 짜장면엔 단무지하고 양파가 최고야."

"전, 양파는 싫던데요. 먹고 나면 냄새 때문에요. 그래도 간단히 먹을 수 있어서 좋은 것 같아요."

"고마운 일이야. 이렇게 싼 값에 짜장면 한 그릇을 먹을 수 있다는 것 말이야. 요즘 물가가 좀 비싸야 말이지. 하긴 예전에도 자주 먹을 수 있는 음식은 아니었어. 그때보단 맛은 덜한 것 같지만 그래도 중국집 하면 얼른 생각나는 것이 짜장면이거든."

"아저씨도 짜장면을 좋아하셨어요?"

"사실 말이지. 내가 돈을 벌기 전엔 짜장면 말고는 다른 걸 시켜 본 적이 없어. 어렸을 땐 그나마 최고의 음식이었거든."

"그때하고 지금하고 맛이 다른가요?"

"글쎄, 그게 이상하다니까. 만드는 건 똑같을 텐데 지금은 맛이 좀 덜한 것 같아."

동구의 말을 듣다 오노는 천연덕스러운 표정으로 말했다.

"우리 할머니가 그러시는데요. 늙어지면 입맛도 변하제잉. 한참 땐 돌도 씹는디 요즘은 도시 맛난 게 없다냐. 참말로잉."

"오노. 또.. 또. 할머니 흉내."

화순네 흉내를 내는 오노를 미랑은 나무라는 듯했지만 웃어버리고 말았다.

"하하. 오노…… 뭐야. 내가 늙다리 된 거야?"

"아니. 그렇다는 것은 아니고 얼른 장가가시라고."

"장……가?"

"네. 더 늙기 전에 지금도 값이 좀 떨어졌지만요."

뜬금없는 말에 동구는 당황하며 얼굴이 발개졌다.

"내…… 내가 늙었어?"

"그럼, 뭐 젊은 줄 아셨어요?"

오노는 동구에게 귀엣말로 속닥거리다, 장난스럽게 웃으며 미랑에게 한쪽 눈을 찡긋해 보이고 미랑이 뭐라고 말할 사이도 없이 황급히 자리를 빠져 나갔다. 미랑은 동구에게 미안한 표정을 지었다.

"헛……자식."

"오노가 너무 버릇없어 죄송해요. 다른 사람에겐 낯갈이를 많이 하는 편인데 동구 씨에겐 그렇지 않나 봐요."

"아…… 아뇨. 우린 그런 사이 아니거든요. 오히려 그런 오노가 좋을 때가 많아요."

"그런데, 오노가 뭐라고 했나요?"

"뭐…… 별 얘기 아닌데. 가까이서 찾으라는데요."

"네?"

동구는 주저하는 듯하다 용기를 내어 말했다.

"이모, 모시고 가라는데요."

미랑은 어이없는 표정이 되었다.

"오노…… 오노가 오늘 너무 긴장했나 봐요. 요즘 시험 때문에 딴엔 많이 힘들었을 거예요. 아.. 정말 죄송해요. 하루 종일 우리 때문에 고생하셨는데."

오노가 앉았던 자리에 눈길을 준 채 미랑은 어찌할 줄을 몰라 했다.

"뭐…… 마음에 두지 마세요. 제가 오노래도 그랬을 것 같은데요."

"네?"

"아니. 그.. 그런 뜻이……"

더듬거리며 어쩔 줄 몰라 하는 모습에 미랑이 웃자, 동구도 웃고 말았다. 결국 오노는 둘을 위한 자리를 만들었던 것이다.

오노는 일부러 시장 쪽으로 천천히 걸었다. 이른 저녁이지만 어둠이 짙게 깔려 마치 한밤중 같았다. 창선의 말대로 시장 모퉁이 입구에 지붕만 달랑 얹어 조랑박처럼 매달린 백열등 전구 두어 개가 전부인 포장마차는 기름이 번지르한 철판위에 미리 구워 놓은 듯한 큼지막한 고깃덩어리를 서글프게 비추고 있었다. 오노는 벽에 바싹 붙인 의자에 앉아 손님을 기다리고 있는 창선이 어머니를 보았다. 희미한 불빛에 비추어진 얼굴은 메말라 있었다. 색깔이 잘 구분 되지 않는 엉성한 실 모자를 쓰고 있었지만, 창선의 푸념 중의 하나는 날이 갈수록 어머니의 머리카락이 숱숱 빠져 가발을 사야 할지도 모른다는 것이었다. 오노는 주머니 속의 종잇조각을 만지작거리다 뛰듯이 바쁜 걸음으로 포장마차에 들어서는 창선을 보고 걸음을 멈추었다.

"엄마……"

창선의 목소리가 들렸다.

"추운데 어딜 그러고 다녀…… 밥은 먹었어? 뭐 좀 줄까?"

"아까, 가게 애들하고 순대 먹었어."

"그게, 요기가 되남. 때 되면 밥을 먹어야지 골목 안에 할머니네 칼국수 맛있던데 사다 줄까?"

"아니, 시간 없어. 편의점 가 봐야해."

"한 가지만 해. 잠은 언제 잘라고 하루 종일 일하고…… 그러다 몸 상하면 어쩌려고."

"걱정 하지 마. 봐서 편의점은 그만 둘 거야. 지금 애들 구하는 중이거든."

"그런데 이게 뭐야?"

"이거? 엄마 옷이야. 입어 봐."

"무슨 돈이 있다고 이런 걸 사…… 니거나 사 입지."

"에이, 어서 입어 보래두. 이래두 오리털이야. 봐. 모자도 있어. 이제 그 모자 버려."

"웬 색깔이 이렇게 애들 같냐."

"요즘은 다 이런 색깔 입어."

"그래두…… 너무 애들 같네."

"이렇게 봐. 엄마 이쁘네. 모자도 이렇게 써 봐. 딱이야. 무지 젊어 보여. 노란 병아리 같네."

두 모자의 정겨운 모습에 오노는 발길을 돌렸다. 누군가 말참견을 한 듯 걸걸한 목소리가 들렸다.

"창선이 엄마 호강하네. 그러게 자식은 그런 맛에 키우지."

"헤……우리 엄마 이쁘죠? 엄마 따뜻하지……"

오노는 주머니 속의 종잇조각을 다시 만지작거렸다. 스테이크 몇 개쯤 살 생각은 이미 없어졌다. 엄마나 이모보다 훨씬 나이 들고 추워 보이던 창선의 엄마, 아무 때고 달려들어 안기며 속엣말 다 해 대도 등 언저리 토닥거리며 측은한 눈빛으로 안아줄 수 있는 엄마, 오노는 창선이 부러웠다. 갑자기 절에 있는 엄마가 보고 싶어졌다. 이젠 무섭지도 않았다. 엄마만 괜찮다면 가냘픈 몸집의 엄마를 업고 돌계단을 오르내릴 수도 있을 것만 같았다. 아니, 스님께 꾸중 듣더라도 절 마당에서 술래잡기도 하고 줄넘기도 하고 샘가의 마음이와 도통이도 보여주고 싶었다. 갖고 싶으면 돛단배까지 다-아 가지시라고 말해 줄 수도 있었다.

"이모. 할머니한테 안 가?"

"응? 아…… 요즘 절 일이 바빠서…… 며칠 있다 갈 거야. 왜? 할머니 보고 싶어?"

"시험 끝났는데…… 궁금하잖아."

"안 그래도 전화 왔었어. 조금 한가해지면 오라고."

"그렇게 바빠? 이상하네."

이상하다는 오노의 말에 미랑은 움찔하며 손에 들고 있던 붓을 놓았다.

"이상할 것 없어. 절에 손님이 많은 거지."

"이모. 요즘 손 괜찮아?"

"으응. 뭐 심하지는 않아. 침 효과가 있나 봐. 그런데 웬일? 이모 손 걱정을 다 해 주고."

"아프면 안 된다고 했잖아. 이모하고 손도장 찍고 복사해서 날린 것."

미랑은 생각난다는 듯 환하게 웃었다.

"생각나. 잊지 않았구나."

"내가 한 말인데 뭐…… 나 책임감 없는 놈 아니거든. 두고 봐. 이모 호강시켜 줄게."

"갈수록 이상한 소리만 해. 조카님 소화는 잘 되시구요?"

"아…… 우리 이모님의 한계."

머리를 절레절레 흔드는 시늉을 하며 오노가 나가자, 미랑은 은덕에게 전화를 걸었다.

"미랑 씨. 아직 오노에게 알리지 않는 것이 좋겠어요. 지금 오노에게 진로를 결정하고 스스로 많은 생각을 해야 할 때 인데 혼란을 주면 안 되겠지요."

"미수는 어떤가요?"

"글쎄. 아직 뭐라고 말하기가 조금 그렇네요. 조금 더 지켜봐야겠어요. 오노는 어떤가요?"

"별 내색은 안 하지만 절에 안 가는 걸 조금 이상하게 생각하는 것 같긴 한데……"

"왜 아니겠어요. 제 집 다니듯 오곤 했는데."

은덕 스님과 통화를 끝낸 후 미랑은 가슴을 쓸어 내렸다. 오노가 시험을 치르던 날 늦은 전화기속에서 어머니는 말보다 울기를 먼저 했었고, 오랜 시간이 억울하고 원망스러워 기쁨보다 한스러움을 구구절절 토해냈었다. 생각지도 못한 불행에 길들여져 한숨을 노래하듯 살다보니 아무리 좋은 일도 믿기지 않고 불안한 생각이 먼저 들었던지, 어머니는 몇 번이고 같은 말을 당부하듯 번복했다. '오노한테 말하면 안 되는 것 알제. 생각 같음사 끌어댕겨 에미 자식이라고 후딱 앵기구 싶지만서두 더 지켜봐야 된다구 하닝께. 우짤까잉. 짠해도 도리 없당께.'

어머니의 말대로 벼락 칠 만큼 좋은 일이었다. 미수를 둘러싼 주위 사람들이 한결같이 바라고 기다리던 시간이었다. 미수만 제정신으로 돌아와 준다면 더 바랄 것도 없었던 오랜 숙원의 날들이었다. 그런데 왜 미랑은 허탈함과 동시에 모든 걸 잃어버린 듯한 생각이 드는 걸까.

어느 날 불쑥 안겨진 갓난아이, 무엇을 생각할 겨를도 없이 맡겨진 몫 때문에 사는 날까지 사랑하다 죽어서도 같이 갈 줄만 알았던 사람이 마치 구실을 찾은 것처럼 엉성한 핑계를 대며 떠났을 때에도 잡지 못했었다. 넋이 빠져 나간 것 같은 허허로움의 시간들, 그 맡겨진 몫 때문에 마음 놓고 아파할 수도 없었던 공황 상태. 그것은 움직일 수 없는 신체의 한 부분을 지팡이에 의지한 채 습관적으로 온몸의 힘을 쏟아 붓다, 날이 갈수록 버거워지는 힘을 감당해내지 못한 지팡이가 뚝 부러졌을 때 바닥으로 무너져 내려 일어서려는 몸부림보다 끝없는 비애와 자괴감 속을 걷고 있는 것과 같은 것이었다. 미랑은 심장이 돌처럼 굳어지는 것을 느꼈다.

허수아비.

반가이 맞아 줄게.
넌,
내게 손님이잖아.
그래도 줄 것이 있어 다행이야.
내게 줄 것이 없다면
넌 나를 찾지도 않았겠지.

참새가 왔다 갑니다
까치도 왔다 갑니다
어제도, 그제도
날마다 왔다 갑니다

매일 와도 난 괜찮아
정말 다행이야
아직까지 줄게 있어서…….

가을 햇살에 벼 이삭이 고개를 숙입니다
벌판은 황금빛 옷으로 갈아입습니다
풍요의 물결이 출렁일수록

허수아비는 야위어 갑니다

곧, 난 혼자가 될 거야

내게 줄 것이 없다면
참새도 까치도 날 찾지 않겠지

참새가 왔다 갑니다
까치도 왔다 갑니다
허수아비는 날이 갈수록
야위어만 갑니다.

부서진 꿈

둘의 아지트인 벚꽃나무 밑에 색 바랜 벤치에 여느 때처럼 기다란 다리를 쭉 편 채 비스듬히 기대고 있던 창선은 오노를 보자, 한쪽 손을 들어 보이며 하품을 했다.

"어이, 대학생 기분이 어때? 원서는 다 넣었겠지?"

오노는 대답 대신 파카 주머니 속에서 따뜻한 캔 커피를 꺼내어 창선에게 건네주며 곁에 앉았다. 날이 추운 탓인지 공원은 텅 비어 일찌감치 켜둔 수은등만이 말 그대로 지킴이 역할을 충실히 한 탓에 우뚝 선 나무들은 희미한 불빛에 더욱 스산하게만 보였다. 캔을 따며 창선은 연신 하품을 해 댔다.

"아! 요즘 너무 정신이 없어. 하루 종일 입만 벙긋이야. 요렇게 말이지. 입가에 힘 풀고 어깨에 힘 빼고 아…… 눈에도 힘 빼야지. 손님들이 날 보면 무조건 진실 있게 보여야 하거든. 지네들 보다 똑똑해 보이면 안 돼. 우- 매일 아침 삼십 분씩 표정 교육이야. 차-암. 별난 사장이야.

뭐, 자기 노하우래나. 그래도 간식은 잘 사 줘. 매일 떡볶이, 순대는 맡아 놨지."

말은 그렇게 하지만 창선은 하고 있는 일에 만족하고 있는 듯 했다. 오노는 시험 보던 날, 시장 어귀에서의 창선의 모습을 떠올렸다.

"참, 스테이크 잘 팔려?"

"응? 아 – 빈대 고기– 그냥 그래. 안 팔리다가도 포장 거둘 때쯤이면 사러 오는 녀석들이 있어. 돈 벌러 온 외지인들 말이야. 절대 비싼 건 안 사먹거든. 떨이로 가져가려고 일부러 늦게 와서 진상 떠는 거지. 그나마 단골이야. 넌 시험은 잘 봤을 테고 지연이도 바쁜가 보던데 뭐 후배들 자기 소개서를 써 준대나. 기집애 오지랖은…… 엊그제 보니까, 기혁이 녀석하고 매장 앞을 지나가던데 하필 찌질한 자식하고 다닐게 뭐야."

창선의 입에서 지연의 말이 나오자, 오노는 화가 났다.

"뭐? 기혁이?"

"왜 그래 ? 갑자기 너답지 않게 흥분하고 그래."

"아..아니야."

"동창이긴 한데 그래도 그 자식은 재수 없어. 꼰대 잘 만난 덕에 쌩까는 꼴통이잖아. 지방대 골짜기도 안 돼서 돈 풀어 수시로 갔을걸. 애들이 그러드라. 강남 수학 쌤이 그 자식 개인 알바 했다고 교육청에서 알면 이거겠지? 철밥통 말이야. 아무튼 끼리끼리 깔렸어."

창선은 말하는 도중 슬쩍 오노의 표정을 살폈다. 겉으로는 태연한 척 했지만 오노의 표정은 굳어 보였다. 창선은 갑자기 오노의 손을 만지작거렸다. 창선의 장난에 오노는 기겁을 하며 벌떡 일어섰다.

"아 - 뭐야."

오노 의 반사 신경에 창선은 재미있다는 듯 웃어댔다.

"야. 오노 좀 심하잖아. 내가 송충이 같잖아."

"아 - 징그러. 변태였어."

"심각해 보이길래 장난 좀 친 것 뿐이야. 오노 가자."

"어딜?"

"형님만 따라 와. 일단 우리 엄마 포장마차 좀 치워 주고."

둘은 어깨를 나란히 하며 걸었다. 갑자기 추워진 날씨 탓인지 공원길은 텅 비어 있었다. 창선은 휘파람을 멋들어지게 불다가 곡조를 잊었는지 엉뚱한 말을 했다.

"여긴 말이야 눈 내리면 경치 하나는 죽여 줘. 서울보단 훨씬 춥긴 하지만."

"북쪽이잖아."

"조금 있으면 방학이네. 뭐 시험 끝나고 졸업이나 마찬가지긴 하지만."

"애들도 책 버렸대. 학교에 와서도 놀기만 하잖아. 어수선하니 장터 같아. 넌 학교에 오지도 앉잖아."

"나야 뭐 개근상 탈 일도 없고 쌤들하고 머리 맞댈 일도 없잖아. 내 진로 상담은 우리 사장하고 하는 게 빠르지. 덕분에 우리 엄마 오리털 파카 샀잖아. 효도 재산 일호야."

공원 귀퉁이 외진 곳에 자리 잡은 공중 화장실 앞을 지나던 중, 오노는 걸음을 멈추었다.

"가만……"

"왜 그래?"

"아니, 조용히 해 봐. 무슨 소리 안 들려?"

창선은 주위를 두리번거렸다. 오노의 말대로 어수선하면서도 수상한 목소리들이 가늘게 들리는 것 같기도 했다. 둘은 얼굴을 마주 보았다.

"화장실 같은데?"

창선은 오노의 팔을 잡았다.

"신경 꺼. 보나마나 노는 애들이지. 그냥 가. 요즘 애들 엉기면 몰매 맞아."

짧게나마 날카로운 소리가 울음이 섞인 듯한 소리에 오노는 주먹을 불끈 쥐었다.

"지연이 목소리 같아."

미처, 오노를 말릴 새도 없었다. 날렵한 오노의 행동을 한 번도 보지 못했던 창선은, 지연이 목소리 같다며 화장실 쪽으로 뛰어가는 오노의 뒤를 엉겁결에 뒤쫓았다.

오노는 눈을 감았다. 설마하며 뛰어들었지만 눈앞에 펼쳐진 광경은 살이 떨릴 만큼 어처구니없었다. 모두가 낯익은 얼굴들이었다. 지연은 반쯤 옷이 벗겨진 채 헝클어진 머리카락 사이로 얼굴엔 피가 묻은 채 바닥에 웅크리고 있었다. 늘 몰려다니던 기혁이 패거리들은 갑자기 뛰어든 오노를 보고 크게 놀라거나 두려워하지도 않았지만 뒤따라 들어온 창선을 보자, 주춤거리며 겁먹은 표정이 되었다.

"뭐야. 이 새끼들 세트로 놀더니 여기까지 따라 붙었어? 겁 없네. 오노. 니네 엄마 선수잖아. 너 오리 알 알아? 낙동강 오..윽."

오노의 주먹이 기혁의 턱을 향했다. 기혁이 패거리들이 달려들었지만 창선에게 겁을 먹은 터라 화장실을 빠져 나가기에 급급했다. 이미, 오노는 제정신이 아니었다. 창선이 오노의 몸을 꽈악 안았다.

"그만…… 그만. 오노. 새끼들 도망가잖아. 이젠 그만."

기혁이 패거리들은 어느새 사라지고 기혁이만이 배를 움켜잡고 바닥을 기고 있었다. 기혁은 잔뜩 상을 찌푸린 채, 악을 쓰듯 내뱉었다.

"개자식, 너 어떻게 되는지…… 니들 두고 봐. 가만히 안 둘 거야. 오노. 족보도 없는 개새끼."

창선은 한 팔로 지연을 부축하며 한 팔로는 오노의 팔을 잡아끌었다. 오노는 삭이지 못한 분 때문이었는지 씩씩거리면서도 차마, 지연의 얼굴을 볼 수가 없었다. 지연은 울기 시작했다. 파카를 지연이에게 입혀 준 탓에 추웠지만 창선은 가로등 불빛이 환한 곳을 찾아 지연을 앉히고 다친 곳이 없나 살피기 시작했다. 오노는 우두커니 서 있을 뿐이었다.

"어디 봐. 기집애. 울기는 왜 울어. 하필 왜 그런 자식하고 붙어 다녀. 그 자식 이런 사고 한두 번인 줄 알아. 해 본 놈이 하는 거지."

창선은 오노의 눈치를 살폈다.

"다행히 다친 데는 없나 보다. 지연이 너 오노한테 평생 고맙다고 해라. 니 목소리라고 잽싸게 튀는 거 보면 으-휴. 오노 화내는 것 처음이야. 그나저나 어쩐다. 저 찌질이 자식이 가만있을 리는 없고 묵사발이 되도록 터졌으니 무사하게 넘어가진 않을 텐데."

창선의 걱정을 들으면서도 오노는 아무런 생각도 하지 않았다. 단지, 왜 이런 일이…… 이렇게 더럽고 추한 일이 일어났는지 한 순간 꿈을 꾼 것만 같았다. 자신의 손을 보다가 오노는 소리를 지르며 나무를 내려치기 시작했다. 아팠다. 겨울 삭풍에 꽁꽁 언 나무에 주먹 쥔 손등이 닿을 때마다 쓰리고 아팠다. 오노는 울었다. 억울하고 분해서 울었다. 지연이 미워서 울었고 또 불쌍해서 울었다. 보다 못한 창선이 오노를 말렸다.

"오노. 지연이는 내가 집까지 바래다줄게. 일단 너도 집에 가서 쉬는 게 좋겠다. 지금은 아무것도 생각 않는 게 좋겠어."

오노는 집에 돌아와서 밤새 앓아야 했다. 눈을 감으면 지연의 웅크린 모습이, 기혁의 짐승 같던 얼굴이 떠올랐다. 미랑은 전에 없이 열에 들뜨며 괴로워하는 오노를 살피다 손등에 난 상처를 보고 어찌할 바를 모르다 결국 동구에게 알렸다.

"어쩌죠? 병원에 가야 할까요?"

"딱히 걱정할 정도는 아닌 것 같은데…… 음…… 맥도 정상이고 외상도 염려할 것은 없구요. 너무 염려 마세요. 사내자식들 키우다 보면 이 정도는 흔히 있는 일이죠."

"한 번도 이런 적이 없었는데……"

"오노는 이제 성인이에요. 정 걱정 되시면 나중에 제가 오노에게 물어 보죠."

"정말요? 그래주시면 고맙구요."

"참, 동생 분은?"

"말씀 들으셨어요?"

"엊그제 약을 지어 아버지께서 올라 가셨어요. 눈에 띄게 좋아졌다고 하시긴 했는데."

"저도 가 보진 못 했어요. 아직 주의할 때라 오노에게도 말하지 말라고 하시는 바람에, 궁금은 하지만 사실 두렵기도 해요. 미수를 보며 어떻게 해야 될지……"

"분명, 좋은 일이긴 하죠. 힘을 내세요. 두려워하지 마시구요."

미랑은 새삼스럽게 동구가 얼마나 든든하고 믿음직한 존재인지, 은연중에 동구를 의지하고 있는 자신을 느끼면서 한편으로는 부끄러워졌다.

"제 방법대로 침을 놨으니 푹 잘 거예요. 자고나면 한결 개운해질 테니 미랑 씨도 편안히 주무세요."

느지막이 잠이 깬 오노는 먼 길을 다녀온 기분이었다. 어제 무슨 일이 있었는지 자신이 얼마나 슬퍼하고 분노에 차 있었는지를 생각하기보다 집에 들어온 후, 무엇을 어떻게 했는지 아무런 기억도 나질 않아 혹시 이모에게 실수나 하지 않았을까 하는 조바심이 먼저 들었다.

조심스럽게 방문이 열리고 미랑이 들어왔다. 푸석한 얼굴이 물어 보지 않아도 오노 때문에 근심하며 밤을 새운 것임에 틀림이 없었다. 오노는 한층 풀이 꺾인 얼굴로 미랑의 말을 기다렸다.

"오노. 일어났구나. 어디 봐."

미랑은 오노의 이마에 손을 대 보며 의사처럼 말했다.

"다행이야. 열이 내렸네. 어젠 놀랐어. 그런데 손은 왜 그래. 다쳤어?"

오노는 그제서야 자신의 손등을 보았다.

손등엔 긁힌 듯하면서도 살점이 떨어진 듯한 상처가 보기 흉하게 있었지만, 미랑이 약을 바른 탓인지 그새 아물고 있는 듯했다.

"별 일 없는 거지?"

오노는 대답 대신 고개를 끄덕였다. 미랑은 일어서며 근심스런 눈빛으로 오노를 바라보았다.

"푹 쉬어. 밤에 동구 씨가 다녀갔어. 네게 침을 놓고 아침 일찍 약을 갖고 왔어. 나중에 고맙다고 인사나 하렴."

-고맙다고 인사나 하렴- 이라는 미랑의 말을 듣는 순간 환청처럼 창선의 목소리가 들렸다.

지연이– 너– 오노한테–평생 고맙다고 해라. 기집애 - 울긴 왜 울어–

족보도 없는 개새끼

지연이 - 너 - 오노한테– 평생 고맙다고 해라. 기집애 - 울긴 왜 울어–

족보도 없는 개새끼

지연이 - 너 - 오노한테 - 평생 고맙다고 해라. 기집애 - 울긴 왜 울어–

오노는 이불을 뒤집어썼다. 억지로 청한 잠속에서 오노는 토비를 만났다. 눈이 부실 만큼 하얀 턱시도 차림의 토비는 악단의 지휘자가 되어 있었다. 음률과 함께 움직이던 손에서 오색나비들이 팔랑거리며 쏟아져 나왔다. 나비들은 둥실거리는 풍선처럼 떠 다녔다. 자세히 보면 언젠가 토비가 색색의 한지를 접어 만들던 종이 나비임에 틀림없었다.

격렬한 음악소리에 보조를 맞추는 듯 토비의 손에 들린 지휘봉이 힘차게 획을 그리며 하늘로 향하자, 강렬하고도 빠알간 꽃송이들이 우수수 떨어졌다. 토비는 떨어지는 꽃송이를 손에 받아 오노에게 주며 하늘을 향해 손가락질을 했다. 아주 멀리 무지개가 보였다. 오노는 무지개를 향해 손을 뻗다가 잠이 깼다.

오노는 이상한 꿈이라고 생각을 하면서도 중얼거렸다. "도무지 어수선한 꿈들이야."

며칠 동안을 집안에서만 지내던 오노는 미랑의 앞에서는 아무 일도 없었던 것처럼 태연한 척했지만 엄청난 고통 속에 시달려야 했다.

지연이 궁금하기도 했지만, 지연을 두 번 다시 보지 못할 것 같았다.

정식으로 사귀자는 말 한 번 못 해 봤지만 기회를 봐서 할 생각이었었다.

흔히들 하는 것처럼 송알송알 매달린 봉오리가 백 송이쯤 되는 빠알간 장미를 기다란 리본으로 장식한 뒤, 쌉싸름하면서도 달콤한 초콜릿 과함께 안겨 주며 프러포즈 하고도 싶었다.

그러한 꿈들을 무참히 밟아버린 지연과 기혁, 어린 시절부터 오노를 놀려대던 녀석 중의 하나였지만, 녀석은 끝내 오노의 발목을 잡고 늘어지는 악마의 역할을 하고 말았다.

혼자 끙끙대며 분을 삭이지 못하던 오노는 창선의 전화를 받았다. 창선의 목소리는 다급 했지만 풀이 잔뜩 죽어 있었다.

"그 자식 말이야. 일 벌렸어. 병원에 입원했대. 고소한다고 하던데, 젠장 고소할 인간은 따로 있는데 그나저나 어떡하지? 골치 아프게 생겼어. 그냥 넘어가진 않을 것 같은데."

오노는 겁이 났다. 이모나 할머니가 알게 되면, 아…… 생각만 해도 끔찍한 일이었다. 창선이 일을 끝낸 후, 둘만의 아지트로 오기로 했지만 조바심에 기다릴 수 없었던 오노는 미리 집을 나섰다. 하늘은 잔뜩 흐렸다. 우울하고 무거운 공기가 한바탕 눈송이라도 쏟아질 것 같은 음산한 날씨였다. 날이 추운 탓인지 연못가에 설치되어 있던 물레방아는 두툼한 고드름을 매단 채 정지되어 있었다.

저만치 긴 코트로 몸을 가린 낯익은 사내가 여행용 가방을 질질 끌며 다가오고 있었다. 사내는 오노를 알아보고 손을 들어 반가움을 표시했다.

"헤이, 오 - 노. 안녕."

오노는 우연이지만 토비를 만나게 된 것이 이상하기만 했다. 토비가 먼저 아는 체를 하자, 얼떨결에 인사를 했다.

"아…… 안녕."

가방이 얹힌 작은 수레에 달린 바퀴는 토비가 움직일 때마다 끽끽거리며 낡은 소음을 퍼트렸다.

"혼자 웬일?"

"창선이를 만나기로 했거든요."

토비는 가방을 가리켰다.

"시가지에 자리 깔러 가는 길이야."

돈이 필요하거나 식량이 떨어지면 좌판을 벌인다는 말이 생각났다. 오노는 조심스럽게 말했다.

"가방 속의 물건 볼 수 있어요?"

토비는 고개를 끄덕이며 가방을 풀었다. 잡다한 액세서리들이 향나무와 함께 어우러져 있었다. 오노는 물건들을 헤집어 보다 마른 꽃송이가 가득 담긴 봉지를 집어 들었다. 그다지 고급스럽지 못한 향 냄새가 코끝을 스쳤다.

"말린 장미야."

문득, 하얀 턱시도의 토비가 꽃을 뿌려대던 꿈이 생각났다.

"저…… 토비. 마술로 꽃을 피울 수 있나요?"

"아주 간단해. 연습만 충실히 한다면."

"마술을 하게 되면 토비처럼 살아야 하나요?"

엉뚱한 질문을 해 놓고 오노는 무안해졌다.

"아…… 제 말은……"

토비는 빙그레 웃었다.

"괜찮아. 궁금한 게 있으면 물어 봐."

하늘은 잔뜩 찌푸린 값을 하는지 서서히 눈발이 날리기 시작했다.

"그러니……까, 제 말은 직업으로 가져도 되는 건지, 살아가려면 많은 것이 필요하잖아요."

오노는 조심스럽게 말을 이어 나갔다.

"책임져야 할 사람들도 있구요. 뭔가 확실한 보장이 있어야 하질 않겠어요?"

"마술을 배우고 싶니?"

"그러고 싶다는 생각은 해 보진 않았지만 좋아질 것 같아요. 아직은 무엇을 택할 것인지 감도 잡지 못 했는걸요."

"힘들겠구나."

"네?"

"마음 말이야. 평생 살면서도 가장 힘든 것이 마음 같다고 생각해."

토비는 열어 둔 가방에 앉은 눈을 손으로 털어내며 마른 장미가 담긴 봉지를 꺼내고 뚜껑을 닫았다. 봉지 안의 꽃송이들을 손 위에 가득 얹은 후, 눈으로 가득 찬 하늘을 올려다 보았다. 조심스럽고 예의 바른 몸짓이었다. 꽃을 얹은 손에 하얀 눈송이가 떨어졌다.

오노는 침을 꿀꺽 삼키는 듯한 표정으로 하늘을 보았다. 토비의 한쪽 팔이 힘차게 곡선을 그리며 꽃송이를 뿌려댔다. 바싹하니 눌려있던 꽃들이 활짝 피어나 눈 속으로 날아가 둥둥 떠다니다 눈과 함께 떨어졌다. 잠깐 동안의 일이었지만 오노에게는 긴 시간이었던 것 같았다. 오노는 감탄했다. 발그스름한 양볼이 눈 속에 서 있는 개구쟁이 소년 같았다.

"아 - 흐. 토비 너무 멋져요! 어떻게 이럴 수 있죠?"

흐뭇한 미소를 지으며 토비는 떨어진 꽃송이를 줍기 시작했다. 신기하게도 꽃송이는 여전히 말라 있었다.

"행복했니?"

오노는 상기된 얼굴로 고개를 끄덕였다. 조금 전의 감동이 여전히 남아 있는 듯했다.

“처음이에요. 가까이서 마술을 보게 되리라는 생각은 한 번도 안 해 봤거든요. 토비 고마워요. 잊지 못할 거예요.”

“영원한 비밀이란 없어. 속임수라는 것을 사람들은 알고 있어. 잠시 동안 누릴 수 있는 호기심에 만족할 뿐이야. 마술은 필요할 때 쓸 수 있는 직업일 뿐이지. 사람들은 알면서도 아무나 할 수 없는 일이기 때문에 존중할 뿐이야. 때로는 환상이라는 것도 즐기고 싶어 한다고나 할까.”

“아무나 할 수 없는 일요?”

“누군가를 위해, 아니 행복을 주고 싶다는 마음으로 할 수 있다면 값진 예술이지만, 먹고 입는 일에 사용한다면 불행한 마술사가 될 수밖에 없단다. 그건 다른 일도 마찬가지지.”

“하지만 TV에서 보면 마술사는 화려하고 멋있잖아요.”

토비는 웃었다. 공허한 웃음이었다. 때마침, 창선이 눈을 뒤집어쓴 채 나타났다.

“어어, 토비. 여기 웬일이에요? 눈도 많이 오는데 둘이 뭐 하는 거야?”

“오우, 창선.”

토비는 양 손을 으쓱하며 펴 보였다.

“토비. 설마 오노에게 마술 같은 것 가르칠 생각은 아니죠?”

“창선아. 그런 게 아니고……”

“넌, 됐고, 토비. 오노는요, 대학교에 갈거든요. 대기업 같은데 들어가서 이모랑 할머니랑 호강시켜야 한다구요. 그러니까 바람 넣으면 안 돼요. 알죠?”

창선은 평소와는 달리 짜증난 말투였다. 오노는 창선의 기분을 알고 있었지만 토비에게 미안해졌다.

"토비는 날 위로해 준 것 뿐이래두."

"미안해요. 토비. 실은 문제가 있어요. 근데, 눈이 너무 많이 와요. 이러다 눈사람 되겠네. 어디 따뜻한 데로 가서 저녁 먹어요."

창선은 토비에게 미안해하며 낡은 가방을 토비 대신 끌었다. 눈 속에 파묻힌 바퀴가 힘들게 소리를 냈다.

"앗, 차가!"

창선은 눈덩이 폭탄을 맞았다. 오노는 눈을 꽁꽁 뭉쳐 토비에게도 던졌다.

"야 - 오- 노."

셋은 눈을 뭉쳐 서로 던지며 눈밭의 강아지처럼 뛰어다녔다. 벌써부터 아이들 한 무리가 놀이터에서 눈싸움을 하며 놀고 있었다. 아이들은 어른들이 눈싸움 하는 것이 재미있게 보였던지 와- 소리를 지르며 눈싸움을 걸어왔다.

"아쭈, 꼬맹이들이 놀째. 좋아. 욘석들. 다 - 아, 내 고객들이다. 서비스 좀 해 볼까."

한 바탕 굿판이 벌어졌다. 어둠이 시작됐지만 눈으로 가득한 하늘은 아름다웠다. 눈밭에 누워버린 셋은 하늘을 보며 웃었다. 입속으로 눈이 떨어졌다. 창선이 소리쳤다.

"난, 말이야. 똥두천이 좋아."

오노도 소리쳤다

"나도."

토비도 소리쳤다

"Me too."

창선이 또 소리쳤다.

"근데 말이지. 세상이 엿 같애."

"Me too."

"하하하 - 하하하 - 하하하."

뒤섞인 웃음소리가 눈 속에 파묻혔다. 얼굴에 떨어지는 눈송이가 시원했다. 답답했던 가슴이 시원해졌다. 아무것도 두려울 것이 없었다. 별 대신 하늘 가득한 눈송이는 무뚝뚝한 가로등 불빛에 반짝거리며 하이얀 꽃을 피워댔다. 오노의 눈에 눈물이 맺혔다. 어쩌면 창선이도 토비도 울고 있을지도 모른다는 생각이 들었다. 오노는 눈을 감았다. 창선의 노랫소리가 가물거렸다.

눈을 뜨니 꿈이었네. 꿈속에서 난 왜 울었을까

사랑했다고 하지 마. 아무 말도 하지마.

멋대로 부르는 노래이긴 하지만 아무 때고 흥얼거릴수 있는 창선이 신기하게만 느껴졌다.

장미수-장오노

환자복을 입은 기혁의 얼굴은 부기 때문인지 약간 우스꽝스럽게 보였다. 오노는 웃음이 나왔지만 억지로 참았다. 창선은 오노의 옆구리를 쿡 찔렀다. 마침, 병실엔 기혁이 혼자뿐이었다. 오노는 다행이라고 생각하며 헛기침을 했다. 기혁은 오노와 창선을 보자, 기세등등한 얼굴이었지만 맞은 곳이 불편했던지 가끔 상을 찌푸렸다.

잘못도 없이 사과하는 것은 내키지 않는 일이었지만, 토비와 의논한 끝에 최고의 해결책이라고 결론을 지었다. 처음엔, 오노나 창선이도 할 수 없다고 우겨댔지만 여건상이라는 이유로 무조건 기혁을 찾아가 사과할 수밖에 없는 일이었다.

오노는 얼떨결에 "아……안녕 - "이라고 말 했다. 이번엔 창선이 웃음을 참아야 했다.

"씨팔, 뭐야. 약 올리는 거야?"

오노는 당황했다.

"그…… 그런 게 아니고 좀 미안해서."

창선이 오노의 말을 막으며 나섰다.

"야. 기혁아. 우리가 잘못했어. 너 때린 것 말이야, 사과하러 온 거야."

"흥. 사과 같은 소리 하구 있네. 사과하러 온 자식들 태도치고 너무 건방지잖아."

기혁은 일부러 인상을 찌푸리며 험악한 말투로 비아냥거렸지만 어차피 각오하고 온 터라 창선은 일부러 창밖으로 시선을 주었다. 기혁은 창선의 멱살을 잡고 흔들었다.

"내가 누군지 알아? 우리 아버지가 누군지 아냐구."

창선의 눈썹이 꿈틀거리며 기혁의 손을 뿌리쳤다.

"시의원."

"그래. 이 짜샤. 니들, 콩가루 집구석하고 질이 달라. 니들 꿇어."

오노는 부글부글 끓어오르는 속을 달래며 그날 더 때려주지 못한 것을 후회하고 있었다. (한 문단으로 연결합니다~)얌전히 사과를 받아주진 않을 거라고 생각했지만 집안 구석까지 파헤치며 거들먹거리는 비열한 짓은 도무지 받아 줄 수가 없었다.

"야. 씨팔. 내 말이 엿 같애 ? 꿇으라면 꿇어, 이 자식아."

"아……"

기혁이 오노의 다리를 걷어차는 바람에 오노는 중심을 잃고 비틀거렸다.

"넌. 잡종이잖아. –헤이 헤이 노노노 오노. 난 싫어 싫어. 오우 노우.– 니네 엄마 코쟁이 못 따라가서 미친년이잖아. 너 같은 자식 보고 뭐라고 하는지 알아? 씨도 모르는 놈이라고 하는 거야."

지독한 독설이었다. 오노는 굴욕감에 바들바들 떨며 주먹을 꼭 쥐었다. 오노의 얼굴 앞에 자신의 얼굴을 바짝 들이댄 채 연극 대사라도 외우는 듯, 차마 들어 주기 힘든 말들을 뱉어내고 있던 기혁을 잡아 일으킨 창선은 기혁의 멱살을 움켜쥐었다.

“너…… 너…… 뭐 하는 짓이야.”

“야. 이 좀비 새끼. 너 도무지 안 되겠다. 니 아버지 하는 짓하고 똑같애. 임마, 콩가루 집구석 좋아하지 마. 부전자전이라고 여자만 보면 침 흘린다고 소문났거든. 니네 엄마 날치는 거 머리가 비어서 그런다구. 돈 뿌려서 꼴난 산골 대학 가는 거 너 빼 놓고 다 알거든. 너 같은 자식은 돈도 싫대. 임마. 넌 대한민국 서울에서도 안 받아 주는 놈이야. 흥. 시의원 ? 그것도 돈 주고 산 거 아니야? 이름도 없는 골짜기 학교 평생교육원 나온 것도 명함이냐? 개나 소나 가는 대학도 제대로 못 가는 놈이…… 아휴. 이걸.”

창선은 주먹을 풀어 한방 먹일 기세였다. 조금 전까지만 해도 의기양양해서 방방 뛰던 기혁은 창선의 위협적인 태도에 한층 기가 꺾인 듯 했지만 억지만은 여전했다.

“너, 너 창선이 개자식 무사할 줄 알아? 날려 버릴 거야. 우리 아버지한테 말해서 니네 집 따위 부셔 버릴 거야.”

창선은 콧방귀를 뀌며 기혁을 흔들었다.

“어휴. 시-팔. 빈골 같은 새끼. 너, 잘 들어. 두 번 다시 이 일로 입만 벙긋하면 내가 너 죽여 버릴 거야. 너 나 알지. 넌 성범죄자야. 그것도 집단 성폭행.”

창선의 말에 기혁은 겁먹은 표정이 되었다. 창선은 멱살을 잡은 손에 더욱 힘을 주었다.

"흥, 증거 있어?"

"증거? 이거면 만족하냐?"

창선은 멱살을 잡고 있던 한쪽 손으로 주머니 속의 휴대폰을 꺼냈다.

"너, 요즘 휴대폰 성능 좋은 것 알지? 다 찍혔거든. 그러니까 난, 대학 갈 일도 없고 니네 아버지 야당이냐 여당이냐. 반대당 대빵한테 바로 보내면 돼. 그러니까 니 맘대로 해. 죽여 버릴 테니까."

창선은 오노를 끌고 밖으로 나왔다. 상황이 뒤집힌 게 분한지 기혁의 악쓰는 소리가 들렸다. -거지 같은 새끼들- 오노는 깊은 숨을 내쉬었다. 창선의 얼굴은 분노로 가득 찼지만 우울해 보였다.

"대단해. 창선이 넌 어떻게 그런 생각을 했어?"

오노의 물음에 창선은 시치미를 뗐다.

"내가, 뭘?"

"그 자식 말이야. 하마터면 또 때릴 뻔했어. 간신히 참는 중이었는데 말이지. 잘못했다고는 생각하지 않아. 사과하고 싶지도 않았지만 나 때문에 이모나 할머니가 걱정할 일이 두려워서 그랬지만, 처음부터 가는 게 아니었어."

갑자기 창선이 웃었다.

"그 자식, 겁은 많아서. 사실 뻥 친 거야. 사진은 무슨. 도가 넘잖아. 자식이 조폭 영화만 봤나, 꼴사납게 양아치 흉내 내잖아. 나도 멋진 척 좀 해 봤어."

오노는 어이없는 표정을 지었다.

"각본에 없는 얘기였어? 나도 속았잖아. 그러다 보여 달라고 떼쓰면 어떡하려구?"

"바보. 그러니까 오노 넌 범생이 취급 받는 거야. 그게 그 자식 한계거든. 자기 힘으로는 아무것도 못하는 놈 말이야. 보나마나 숙제도 대신해 주었을걸."

"그런데 정말 가만있을까?"

"아마 조폭 영화를 많이 봐서 지 같은 놈들의 종말을 잘 알거야."

"아…… 정말 대단해! 난 거기까지 생각 못 해 봤어."

"그러니까, 형님 잘 모셔."

미처 치우지 못한 눈이 군데군데 얼어 있었다. 나뭇잎이 다 떨어진 빈 가지에 소복하니 쌓인 눈은 그대로 얼은 탓인지 삭풍에 피어난 겨울꽃 같았다.

"에 - 이. 미친 기집애."

창선은 지연을 탓했다.

"잘 있을까?"

오노의 걱정에 창선은 퉁명스럽게 대꾸했다.

"잘 있겠지."

"그래도 다행이야. 지연이 엄마가 알았으면 그 성격에 지연인 무사하지 못 했을 거야."

"흥! 합의 본다고 설치지 않으면 다행이지."

"합의?"

"어른들을 어떻게 믿어. 우리 보고 하지 말라면서 지들은 다 하잖아. 그래 놓고 좋은 게 좋다는 식의 설교 따위나 하고."

오노는 할 말이 없어졌다. 딱히 창선의 말이 전혀 틀린 것도 아니기 때문이다.

"너, 지연이 좋아하지?"

창선이 물었지만 오노는 대답을 할 수가 없었다. 창선의 마음을 알 수 없었기 때문이었다.

"좋아하는구나."

창선과 헤어진 후, 오노는 은덕암으로 가기 위해 버스를 탔다. 이모는 절에 손님이 많아져 다음에 가자고 차일피일 미루었지만, 불현듯이 절 식구들이 보고 싶어졌다. 버스에서 내린 오노는 슈퍼에서 뻥튀기 한 봉지를 샀다. 할머니는 바삭바삭한 뻥튀기를 좋아했다. 오랫동안 얼굴도장을 찍은 탓인지 주인할머니는 비닐 봉투에 뻥튀기를 담으며 알은 척을 했다.

"절에 올라가려면 미끄러울 텐데…… 눈이나 쓸었나. 이놈의 눈은 툭하면 쏟아지는지."

산은 하얗게 덮인 눈 때문인지 찬기가 돌았지만 시원한 공기 덕에 기분이 상쾌해졌다. 눈을 감고도 갈수 있는 길이었지만 혼자 와 보기는 처음이었다.

산길 모퉁이 돌아 노오란 작은 알갱이가 그득히 춤을 추던 벌판을 지나, 군데군데 무리지던 구절초가 피었던, 모난 돌멩이 잔뜩 깔린 내를 건너면 은덕암으로 오르는 반질한 돌계단이 시작되던 곳, 놓칠 새라 꼭 잡은 따뜻하고 가녀린 손으로 하얗고 버석거리는 설탕이 묻은 싸-한 박하사탕 한 알을 입에 쏘옥 넣어주면 하나, 두울 세다가 절 마당에 들어서기도 전에 세던 숫자마저 잊어버리던 곳, 오노는 가슴이 두근거렸다.

마치, 고향 옛집을 찾아가는 기분 같았다. 혼자 온 자신을 보면 할머니는 깜짝 놀라리라. 은덕 스님은 대견해 하시겠지. 이런 저런 생각에 어느새 절 마당에 도착한 오노는 법당에 들러 예부터 갖추었다.

산바람에 꼭꼭 닫아둔 문 탓인지 아무도 내다보는 이가 없었다. 은설에 둘러싸인 작은 오두막집 같은 은덕암은 한 폭의 그림 같았다. 오노는 모처럼 푸근함을 느꼈다.

오노에게만큼은 은덕암은 절이 아니었다. 엄숙하고 무거운 절이 아니라, 고향집이었다. "오매, 내 새끼." 하며 얼싸안던 할머니가 있었고 따뜻한 눈빛으로 지켜주던 은덕 스님이 있었고, 항상 낯선 - 단 한 번도 엄마라고 불러보지 못한 - 곱디고운 엄마가 있었다.

두툼한 유리가 끼어진 마루 덧문을 살짝 밀던 오노는, 문득 댓돌 위에 낯익은 신발을 보았다. 발목까지 폭 올라오는 넓적한 - 곰 발바닥 같은 - 누런 빛깔의 어그 부츠는 미랑의 것임에 틀림 이 없었다. 마침, 속삭이는 듯한 두런거리는 소리가 귓전으로 흘러들어왔다.

"참말…… 미랑아. 미수 좀 보랑께. 꿈이 아니당께?"

"미수야. 나…… 알아보겠니?"

"참말로…… 징하디 징하당께. 사니께 산 목숨이제. 잡것이 독하기도 하제. 에미 속 잘라내고 새끼 가슴에 못 박고 참말 모질기도 하당께."

"엄마는 그런 말을 또 왜 해. 이렇게 좋은 일이 어디 있다고."

"나사 기 맥혀 그런 당께. 워매. 워매. 불쌍한 우리 큰딸은 아까워 어쩐다냐. 낳지도 않은 새끼 키운다고 시절 다 보내고 참말로 어쩔거나잉. 불쌍한 내 새끼들."

화순네의 절절함에 훌쩍거리는 소리가 점점 커지는 듯싶었다. 오노는 손에 들고 있던 비닐 봉지를 떨어뜨렸다. '뭐야. 엄마가 정신이 돌아 온 거야?' 자신도 모르게 산을 내려왔지만 다리에 힘이 풀린 것만 같아 아무

데나 주저앉고 싶었다.

오노는 우두커니 선채 뒤를 돌아보았다. 하얗게 뒤덮인 야트막한 산봉우리들이 감겨드는 햇살에 수정 같은 빛을 품고 있었다. 오노는 눈이 시렸다. 산봉우리에 가려진 은덕암이 멀게만 느껴졌다. 무슨 생각을 해야 할지 정리가 되지 않았다. 오노는 소리를 질렀다.

"장미수 - 바보. 엄마"

"장오노 - 바보. 자식"

"장미수 - 엄마도 아니야"

"바보 엄마 - 바보 엄마 - 나 크는 동안 뭐 했어 - 뭐 했냐구 - 키우지도 않을 거면서 뭐, 하러 낳냐구 - 아버지도 없는 자식 뭐 하러 낳냐구 - 두고 봐 - 나도 모른 척 할 거야."

소리를 질러대기보다 처절한 절규였다. 정신이 돌아온 엄마를 어떻게 대할지 오노에게는 모든 것이 두렵기만 했다. 오노는 서럽게 울었다. 가슴속에 쌓인 울분들이 봇물 터지듯 한꺼번에 밀고 올라오는 것 같았다.

오노의 고민

오노는 창선에게 엄마가 정신이 돌아온 것 같다는 말을 하며 속내를 풀었다.

"그보다 좋은 일이 어디 있다고 잔뜩 폼 잡고 그래? 너 답지 않잖아. 축하할 일이잖아."

"넌, 잘 몰라."

"뭘?"

"한 번도 엄마는 날 제대로 본 적이 없어."

"그건 니네 엄마가 정신을 놨을 때라며?"

"난 엄마가 무서웠어. 날, 미워해서 그럴 거라는 생각이 엄마를 볼 때마다 드는 거야. 사실 지금은 말이지 내가 엄마를 미워하고 있는 것 같아. 그래서 더 무서워져. 이모가 날 키워주고 엄마처럼 모든 걸 해 줬는데 엄마는 왜 책임감 없이 날 낳았는지, 아이들이 날 놀리고 사람들이 날 쳐다볼 때도 난 엄마가 미웠어."

창선은 오노의 말을 들으며 고개를 끄덕이기도 했다. 오노는 둘만의 아지트라고 정해버린 기다란 나무 의자를 한손으로 쓸었다.

"오노. 넌, 행복하게 잘 사는 거라는 생각 안 해 봤어? 우리 아버지 우리 놔두고 도망간 다음 우리 가족은 거지처럼 살았어. 내가 가장 싫어하는 말이 뭔지 알아? '거지 같은 것들'이라는 말이야. 거드름 피우는 자식들이 그런 말을 아무렇게나 내뱉기도 하지만 정말 치욕적인 말이야. 그런 말 듣지 않으려고 일부러 편의점 야간 일을 한 거야. 시간이 지나 폐기할 음식이라도 좋았으니까. 넌 모를 거야. 밤새 손님이 들락거릴 때마다 진열되어 있는 김밥이며 햄버거가 다 팔리질 않기를 기대했던 마음을, 운이 좋았는지 한 번도 탈이 나지 않았어. 창피하다는 생각도 하지 않았어. 손 벌리지 않고 굶지 않고 뭐…… 겨울에 가스 끊겨 찬물로 머리 감은 적도 있지만, 그래도 엄마나 누나 보면 뭔가 해야겠다는 생각이 들고 뭐든 주고 싶은 거야. 뭐든. 넌 그런 가난이라는 것 겪어 봤어? 엄마나 누나가 좋아하고 배불리 먹는 모습을 보면 난 행복해지는 거야. 가끔 나도 울고 싶고 소릴 질러대고 싶을 때가 많지만, 참는 것뿐이야. 어쩔 수 없으니까. 아버지가 팔아버린 땅 덩어리들이 돌아오지 않는 한 어쩔 수 없는 현실이잖아."

오노는 창선의 말을 들으며 자신의 생각과 큰 차이가 있다는 것을 알았다.

"오노, 내가 너라면 말이지 하나님, 부처님, 세상에 신이라고 부르는 모든 신한테 감사하며 살 것 같은데 말이지. 모르지. 넌 나랑 다르니까 그냥 내 생각이야."

"니 말이 틀린 것도 아니야. 난 우리 집이 부자인지 가난한지 잘 몰라.

시험을 치르기 전까지도, 니 말대로 대학에 가서 철밥통이 되거나 대기업에 취직하면 될 줄 알았어."

"그런데?"

"너무 복잡해지는 거야. 머릿속이 아무것도 정리할 수 없어."

"자 - 아 - 식. 임마. 넌 어른이 되는 거야. 인생이란 게 말이지 참, 복잡한 거라고 우리 할아버지가 그랬거든. 근데 이제 조금 알 것 같아. 그래서 나이 들면 무대포가 되나 봐. 복잡한 게 싫어서 일방통행인가 보지."

"우리 엄마 말이야. 정말 날 미워할까?"

"너도 엄마 미워한다며?"

"너, 우리 이모 봤지? 엄마 하고 많이 닮았어."

"니가, 먼저 잘해 봐. 엄마들은 자식이라면 대신 죽기라도 한다던데."

갑자기 창선이 오노를 툭 치며 웃었다.

"자식, 엄마 미워한다더니 뻥이잖아. 순 어리광이었어. 오노. 난 너만 보면 괜히 내가 지독하게 착한 놈이 되어 버리는 것 같아. 나 욕도 잘 하는데 니 앞에선 욕도 잘 안 나와. 넌 사랑을 너무 받고 사는 것 같아. 사내놈치고 너무 여려. 군대나 가겠어?"

"군대?"

"그래. 요즘은 대학 가면 휴학하고 일찍들 가던데."

"한 번도 생각해 보지 않았어. 너도 가야겠네."

"글쎄. 난 아마 안 갈 거야. 부양가족이 있어서. 사실 안 가면 좋지 뭐. 아- 그래도 해병대 가고 싶었거든 귀신 잡는 해병 말이야. 딱 내 체질인데."

"해병대는 훈련이 엄청 세다던데?"

"그러니까 내 체질이라지. 오노. 넌 공군에 가라. 딱이야. 비행기 조종사가 될 수도 있잖아. 아~ 그러고 보니 어울리겠다. 헤이 오-노. 철밥통이나 대기업은 잠시 보류다."

"공군?"

"그래. 미래는 알 수 없는 거잖아. 우선, 니 생각을 정리해 봐. 널 사랑하는 사람들을 위해서 뭔가 해 주는 거야. 간단하잖아. 난, 운전면허를 딸 생각이야. 우리 누나 병원에 갈 때마다 태워 줄 거거든. 밤에 나라시를 뛰고 열심히 벌어서 우리 사장처럼 폰 매장을 차릴 거야. 사장이 밀어준댔어. 돈을 많이 벌어서 할아버지랑 함께 살았던 우리 땅을 도로 사는 게 내 꿈이야. 젠-장. 아버지가 팔아 치우지만 않았더라도 우린 지금쯤 땅 부자였을 텐데, 우리 엄만 가끔 꿈을 꾼대. 할머니하고 같이 심었던 조팝나무에 주먹밥꽃이 가득 달린 꿈을, 일부러 그 앞을 지나가기도 해. 아직까지 나무들도 그대로 있긴 하지만 내가 다시 살 때까지 파헤쳐지지 않았으면 좋겠어. 그 꽃나무들이 엄마의 유일한 추억이거든."

"창선이 니 바람이 이루어질 거야. 우리 참 처음으로 진지하게 얘기한 것 같아. 역시 넌 훌륭한 친구야."

"하하하. 그래. 우린 훌륭한 친구야. 너 대학 가서 나 무시하면 안 된다고 했지?"

오노는 가슴이 뭉클해졌다. 창선이 얼마나 든든한 친구인지 창선을 친구로 둔 것이 자랑스럽기까지 했다.

헤어지기 전, 창선이 고백하듯 말했다.

"오노. 사실 나 지연이 좋아했는데 지금은 아니야. 오노 넌 내 친구거든. 난 네가 소중해."

바쁜 걸음으로 씩씩하게 걸어가는 창선의 뒷모습을 보며 오노는 눈물을 글썽였다. 아무리 오랜 세월이 흘러도 둘만의 아지트인 나무 의자며 벚꽃나무, 우뚝 선 지킴이 가로등도, 끼익거리며 힘겹게 돌아가는 물레방아도 그대로이길 바랐다. 밤하늘엔 별들이 수도 없이 깔렸다. 별들은 분명한 빛을 발하며 토비처럼 말했다.

– 마음 말이야. 평생 살면서 마음이란 가장 힘든 거지. –

이튿날, 오노는 토비를 찾아갔다. 여전한 모습으로 한지를 접어 나비를 만들던 토비는 오노를 보고 담담한 표정으로 웃을 뿐이었다.

"꽃 피는 마술을 배우고 싶어요. 누군가에게 보여 주고 싶거든요."

"그것뿐이니?"

"엄마는 어린애 같아요. 내가 크는 동안 잠만 잤거든요. 이만치 큰 날 보면 싫어할까 봐, 엄마가 웃는 모습을 보고 싶어요."

토비는 오노의 어깨를 토닥거려 주었다.

"오노. 꽃을 피우는 건 그리 어렵지 않단다. 넌 벌써 준비가 되어 있잖니. 간절한 바람이 클수록 문은 빨리 열린단다. 자–아. 손을 펼치고 눈을 감아 봐. 모든 생각을 버리고 마음 하나만 가지는 거야. 네 세계로 들어가는 거지."

토비에게 꽃 피는 마술을 배우는 동안 오노는 마술에 대한 묘한 흥미를 느끼게 되었다. 오노는 미랑의 마음을 슬쩍 떠 보았다.

"이모, 마술 어떻게 생각해? 마술 학교도 있던데."

미랑은 정색을 했다.

"무슨…… 마술, 넌 한 번도 마술에 대해 말해 본 적이 없잖아."

“아니, 뭐 그렇다는 거지. 마술을 하겠다는 게 아니고 만약에 말이야. 내가 마술 학교에 간다면 이모는 찬성할 수 있어?”

미랑은 오노의 급작스런 질문에 기가 막힌 듯했다.

“왜, 이모도 그림 그리잖아. 마술도 예술이라고 하던데.”

미랑은 마음을 가다듬으며 심호흡을 했다.

“그래. 분명 예술이라고 하지. 자질도 중요하거든. 갑자기 생각한 거라면 조금 더 생각해 보지? 그래도 네가 원한다면 할 수 없지만, 많이 힘들 거야. 예술이란 말이지, 자기만족이 아니거든. 그만치 고통도 있는 거구, 때로는 혼자 가야 돼. 만들어 내는 예술이란 책임을 지지 않으면 안 돼. 보여 주기 위한 예술은 싸구려일 뿐이야.”

오노는 미랑의 얼굴에서 근심을 보았다.

“뭐, 마술사가 되겠다는 것은 아니니까. 이모. 걱정할 필요 없어. 그냥 재밌고 신기해 보여서 물어본 것뿐이야.”

쉽게 말을 거두는 오노를 보며 미랑은 안도의 한숨을 내쉬었다.

“후- 깜짝 놀랐네.”

“아- 이모 우리 산에 언제 가?”

미랑은 급히 얼버무렸다.

“어…… 전화해 본다는 게 깜빡 했어. 요즘 나도 정신없네.”

오노는 시치미를 뗀 채 미랑의 눈치를 살폈지만, 미랑은 더 이상 말을 하지 않았다. 상황이 어찌됐는지 알고 싶어도 자신에게만큼은 감추는 것 같아 오노는 비밀을 지켜 주기로 했다.

서 있는 사람

마리아 수녀는 눈길을 밟으며 은덕 암에 도착하자마자, 미수부터 찾았다. 화순네는 귀한 손님이 왔다고 분주하게 움직였고, 은덕 스님은 또 다시 옛 친구를 만났다는 반가움에 적막하기 만한 산중 작은 절은 꽉 찬 듯했다. 전과는 달리 미수의 모습은 다소곳하며 간간이 웃기도 하였다. 마리아의 얼굴은 기쁨으로 가득했다.

"오……오! 성모님. 제게 이런 은총을 주시다니!"

성호를 긋는 마리아 수녀의 모습에 은덕 스님은 흐뭇한 눈길을 보냈다.

"하하. 은덕 스님. 오랜 시간 공들이신 보람 있으니 얼마나 좋아. 당신 부처님이 나를 불러 이런 기쁜 일을 보게 하시니 정말 최고의 선물이야."

"정작 고생하신 분은 화순 할머님이지. 절 살림 하시면서 지극정성이셨으니 부처님도 감동하셨을 거야."

"역시, 어머니란 대단한 존재야. 모성처럼 질기고 끈끈한 희생적인 감정은 없을 거야. 당신도 나도 반성해야지?"

은덕은 대답 대신 고개를 끄덕였다. 가끔 절에 오는 나이 많은 노인들의 푸념 중 하나는 '심청이는 못 돼도 안부나 제대로 하고 살았으면'이었다. 안부를 전하건 말건 효도를 하건 안 하건 법당 마룻바닥에 엎드려 수도 없이 절을 하면서 한결같은 바람은, 자식새끼 건강하고 사업 잘 되고 손주 녀석 시험 잘 보고 무탈하게 해 달라는, 지극히 검소했다. 어머니란 존재는 어찌 보면 자신을 돌보지 않는 미련함에 잘 훈련이 되어 있는지도 모를 일이었다.

"맞아! 우리도 좀 반항했을까?"

"요즘, 아이들이 세대 차이가 난다며 따로 노는 것처럼 우리도 심청과는 아니었네. 그렇지?"

둘은 마주 보며 웃었다.

"아무래도 은덕암하고 우리 성당이 친선을 맺어야 될 것 같아. 지난번 산을 내려갈 땐 우리 친구 스님 언제 또 보나 싶어 꽤 쓸쓸해지더니만, 이런 저런 이유로 다시 보니 인연이 있나 봐."

"친선은 무슨, 마리아 수녀 당신하고 나…… 만나지면 가끔 우스갯소리도 하고 덕담도 나누며 하다보면 또 한 세월 잊은 듯이 가겠지."

"맞아. 그렇게 가겠지. 그런데 말이지. 문제가 좀 있어."

"어떤?"

"미수 씨 말 이야. 아직 아들애하고 못 만났지?"

"나도 마음에 걸려. 오노를 보면 어떤 반응을 보일지."

"지금 미수 씨 정신 연령이 오노를 낳았을 때하고 똑같거든. 자신이 기피했던 시간만큼 다 잊은 거야. 거기서 멈춘 거지. 오노를 보게 되면 죄책감이라든가 두려움을 가질 수도 있어. 그로 인한 괴로움이 커진다면 극단적인 상황이 올 수도 있다는 거지."

은덕은 한숨을 쉬었다.

"좋아만 할 일이 아니네. 산 너머 또 산이라더니 후 - 관세음보살."

"아무튼 지켜봐야지. 원래 병중보다 회복기가 더 중요하다고 하잖아."

"고마워. 마리아 수녀님. 부르면 와 주어 정말 고마워."

"은덕 스님. 당신과 나는 친구잖아. 이렇게 점잖은 스님 친구가 있어 나도 고맙기만 한 걸. 참, 고뇌는 끝내셨나?"

"글쎄. 아직 생각 중이야. 지금 이 은덕암을 요양원으로 바꾸어 보면 어떨까 싶기도 하고."

"요양원? 공기도 좋고 조건은 좋은데 쉽게 될까?"

"아버지께서 해 놓으신 것 중 하나가 이 절이야. 이리저리 떠도는 땡중이 될까 봐, 여기다 날 묶어 두신 거야. 내치시면서도 자식 고생하고 살까 봐 맘에 걸리셨나 봐."

"요양원 생각을 하는 것 보니 경오 씨 때문인 것 같은데?"

"그런 면도 있고…… 우리 가족들을 떠날 수가 없어."

"가족이라……"

"내겐 더 없이 소중한 사람들이지. 정말 이상한 인연이지만 오노가 이만큼 크기까지, 화순 할머님이 아니었으면 은덕암이 이렇게 이쁘고 정갈한 모습을 갖지 못했을 거야. 그 손에 차려진 공양 그릇의 숫자는 엄청나지. 나만을 위해서 또 다시 가족들을 버릴 수 없어."

은덕은 선반 위에 얹어둔 바이올린 케이스를 꺼내었다.

"아!"

마리아 수녀는 바이올린을 보자, 경탄의 짧은 신음 소리를 냈다. 은덕의 손이 천천히 부드럽게 소리를 불러냈다. 아름답고 슬픈 선율이었다. 은덕의 모든 것이 잠겨 있는 꿈속의 소리였다. 소리는 은덕 암을 빠져 나와 은설의 산허리를 타고 까닥까닥 졸고 있는 해넘이를 밀어내어 총총한 샛별을 불러냈다.

두–둥–실.

은덕암은 모든 것을 실은 채, 달이 되었다. 달 속에서 화순네는 콩콩대는 소리를 내며 김이 모락모락 오르는 허연 덩어리를 찧어댔다. 절굿공이가 움직일 때마다 화순네의 소리는 노래처럼 퍼져 나왔다.

콩콩– 우짤까나잉 –콩콩– 참말 우찰까나–잉–

콩–콩–콩.

미수가 울었다. 한 짐 나뭇단 내려놓고 징징거리며 칭얼댔다.

엄–마 엄–마.

미랑도 울었다. 오노의 손을 꼭 잡고 울었다. 엄–마 엄–마.

참말로– 우짤까나. 우짤까나–잉.

달이 휘청거리며 기울기 시작했다. 경오는 현옥에게 손짓을 했다.

오지–마.

현옥의 긴 머리가 바싹 마른 나뭇잎이 되었다.

난 – 갈 거야.

달이 무겁다며 흔들리기 시작했다. 무거움을 벗어내기 위해 달은 요동을 치기 시작하며 하나씩 쏟아내기 시작했다. 은하수처럼 긴 한숨을 뿜어낸 달은 산기슭으로 살포시 내려앉았다. 희끄무레한 빛은 옷자락을 끌며 산중을 깨우기 시작했다. 나뭇가지마다 쌓였던 눈은 눈부실 만큼 아름답고 섬세한, 크리스털 조각 같은 얼음 꽃을 피워내고 있었다. 푸드득거리며 새 한 마리가 날아올랐다. 깍-까각- 깍- 깍깍깍

서 있는 사람

거기 누가 있었을까
손 내밀어 볼까
누구냐고 물어볼까
날 알고 있는지
지금도 난 꿈을 꾸고 있는지
하늘에 걸린 한 조각 달 속에
꼭꼭 숨겨 놓은 이야기는
아니었는지
산허리 돌다돌다 지친 바람이
문풍지 흔들며 전하던 말은,
…………………………………….

뿌연 안개 무겁다 울던
오래 된 사람은,
……………………………………..

아직도 거기 있을까
한 번,
물어볼까

지금도 날

사랑하고 있는지.

–(시) 동두천 안개 중 서 있는 사람

엄마

*

엄마…… 엄마……

산 속이 쩡쩡 울릴 만치 아주 커다란 목소리로 실컷 불러 보고 싶은 엄마,

엄-마. 우리 엄-마.

이 세상에 가장 바보 같은 일이 있다면 엄마를 미워했던 일이었다.

나의 무지에 벌을 받는 것이라고 자책해 본들 잃어버린 엄마를 찾을 수는 없었다.

엄마를 잃어버린 후 난 비로소 알게 되었다.

엄마라는 이름을…… *

오노는 미랑과 함께 집을 나서면서 가슴이 두근거렸다. 어젯밤에 절에 가자는 미랑의 말에 밤새 잠을 설친 탓인지 얼굴이 부석해 보였다. 버스를 타고 내릴 때까지도 미랑은 아무 말이 없었다.

어제 은덕 스님이 전화를 걸어 미랑에게 조심스럽게 미랑의 의사를 물었었다. 미랑은 오노에게 알리는 것이 좋을 것 같다는 답을 하였고, 오늘 절에 가기로 했지만, 마음이 편치 않았다. 한편으로는, 오노에게 차일피일 미루는 것도 답이 궁색하였고 마냥 기다릴 수도 없는 일이기도 했다.

동구는 "오노는 어린애가 아니라구요. 그래도 그 녀석 많이 컸더라구요." 하며 오노에게 알려주는 것이 좋을 것 같다고 했다.

나름 근심스러운 마음으로 산길로 접어들었을 때 오노는 미랑의 손을 꼭 잡았다. 미랑은 오노의 얼굴을 쳐다보았다. 오노는 배시시 웃었다.

"박하사탕 안 줘?"

이번엔 미랑이 웃었다.

"싱겁긴, 박하사탕 먹을 나이 지났다고 투정 부린 지가 언젠데."

"메뉴 바꿨으면 투정 안 부렸지. 맨날 똑같은 사탕만 주니까 그랬던 거야."

노오란 알갱이가 잔뜩 깔렸던 들녘의 마른 억새들을 발로 툭툭 치며 오노는 볼멘소리를 했다.

"그땐, 이 길이 멀기만 했었어. 그래도 들국화가 잔뜩 필 때는 덜 심심했었는데."

살풋 언 내를 건너며 오노는 허리를 구부려 돌 밑을 들여다보았다.

"저번엔 올챙이 새끼가 보였는데."

"때가 어느 땐데 올챙이가 있어? 괜히 잘못 본 거지."

"정말이래두. 이모, 조심해. 미끄러져."

은덕암으로 오르는 돌계단 앞에 이르자, 오노는 크게 심호흡을 했다.

"긴장 돼?"

"엄마가 날 반겨 줄까? 옛날처럼 또 그러면 어떡하지?"

미랑은 오노의 머리를 쓰다듬어 주었다.

"걱정하지 마. 아무 일도 없을 거야."

"나, 알고 있었어. 엄마 얘기."

미랑은 오노의 말에 눈을 크게 뜨며 놀랐다.

"어떻게? 왜 모른 척 한 거야?"

"그냥 그렇게 됐어. 물어보기가 뭐해서 모른 척 한 것뿐이야."

"그것도 모르고…… 네 얼굴 볼 때마다 죄 지은 것 같아 마음 졸였잖아."

"그러게, 진작 말해 주면 좋았지. 왜 비밀을 만들어? 나도 마음 졸이며 눈치만 봤잖아."

"미안해. 서운했구나?"

"난, 엄마에게 보여 주려고 토비에게 꽃 마술도 배우는데."

"토비? 꽃 마술?"

"아, 이모 걱정하지 마. 그냥 엄마에게 선물할 거리를 찾던 중 생각해 낸 것뿐이야."

"멋진 생각이야. 정말 그것 뿐이지?"

"정말이라니까요. 이모님."

미랑은 정색을 하며 말했다.

"난, 세상에서 우리 오노가 제일 소중해. 행복하게 잘 살았으면 좋겠어."

"나도 이모가 제일 좋아. 지금까지 잘 살았잖아. 나 말이야 대학교 졸업하고 좋은 직업 가져서 이모 밍크 코트 사 줄 거야."

"밍크? 안 돼. 동물 애호가들한테 혼나. TV에서 봤잖아. 너무 잔인해서 싫어."

"이왕 만들어 놓은 건데 뭘, 그래도 지연이가 그러는데 여자들은 밍크가 최고라던데. 이모는 우아하고 잘 어울릴 거래."

"지연이? 아직 만나고 있었어?"

"가끔, 뭐 유학 준비 한대나 봐."

"그랬구나. 내가 너무 무심했었나 봐. 토비라는 사람도 그렇고……"

"어, 너무 이상하게 생각하지 마. 걱정할 일 없어."

미랑은 오노에게 무심했다는 자책감도 있었지만, 동구의 말대로 어린 애가 아닌 오노의 모습이 새삼스럽게 대견해 보였다.

어느새 은덕암 마당에 다다르자, 입을 꾹 다문 채 서로 얼굴을 바라보았다. 미랑은 다소 상기된 오노의 얼굴이 안쓰러웠다. 벌써부터 오노를 기다리던 화순네는 밖을 내다보며 서성거렸는지 기척을 내기도 전에 종종걸음으로 오노를 반겼다.

"워매. 춥지야. 오다 미끄럽지나 않드냐."

"할머니."

"그랴. 공부한다고 홀쭉해졌당께. 우짤까나잉. 할매가 보도 못하고. 짠하네 그랴."

화순네는 연신 오노의 뺨을 어루만지며 안타까워했다. 미랑은 화순네의 팔을 잡으며 물었다.

"스님은?"

"법당에 계시제. 어여 가서 인사부터 해야제?"

신기한 일이었다. 미수가 손에 염주를 돌리며 은덕 스님을 따라 절을 하고 있었다.

오노는 엄마의 모습에 심장이 쿵쿵 뛰었다. 단정히 빗어 꼭 묶은 삼단 같은 머리, 얇게 누벼진 진회색 개량한복을 입은 엄마의 모습이 가물거리는 촛불 같아 더 없이 애잔하고 앳되게만 보였다. 태어나서 처음 보는 엄마의 모습이었다.

오노를 보지 않으려고 애쓰던 엄마는 혼을 빼 버린 허수아비 같았었다. 어쩌다 오노와 눈이 마주치게 되면 엄마의 눈은 증오가 가득한 채 오노를 쏘아보곤 했었다. 그럴 때마다 오노는 엄마가 무서웠고 두렵기만 했었다.

오노는 눈물이 났지만 억지로 참았다. 촛불이 아른거리며 뿌옇게 다가왔다. 은덕 스님은 오노의 손을 꼭 잡고 등을 다독거려 주었다. 미수는 엉거주춤한 자세로 오노만 바라볼 뿐이었다.

"엄…… 엄……"

목구멍에 걸린 채, 엄마라는 소리는 빠져 나오지 못하고 있었다. 오노는 눈을 꼭 감은 채 목에 힘을 주었다.

"엄 – 마."

오노가 엄마라는 소리를 뱉어낼 때마다 미수는 머쓱한 표정으로 애써 외면하는 듯 보였다. 은덕 스님과 미랑은 법당 밖으로 나와 우두커니 하늘만 바라보았다. 애가 탔던 화순네는 안절부절못하며 미수를 탓했다.

"참말…… 잡것. 새끼라고…… 짐승도 지 새낀 낀다든만 우짤라고 저 사단이다냐. 뭔 벼슬이라고 아그 속을 저리 뒤집는당가. 참말로."

오노는 한 발 한 발 움직여 미수에게로 다가갔다. 촛불이 춤을 추기 시작했다. 가느다란 목소리가 신음처럼 흘러 나왔다.

"오…… 오지 마."

오노는 우뚝 걸음을 멈추었다. 처음 듣는 엄마 목소리. 이 세상에 태

어나서 처음으로 들어 보는 엄마의 소리. -오지마-

"왜? 왜? 내가 누구인지 알아? 나…… 아들이야. 엄마가 낳은 아들. 장미수가 낳은 장 오노. 오……노라구. 오……노."

미수는 흠칫거리며 한 발 뒤로 물러섰다. 미수의 손에 들려 있던 염주가 바닥에 떨어졌다. 오노는 마룻바닥에 무너지듯 무릎을 꿇었다.

"이건 아니야. 이런 건 아니었다구. 난 엄마가 날 기억하고 내 이름을 불러주기를 바랐어. 왜? 지금도…… 똑같잖아."

오노는 울고 있었다.

"왜? 날 낳은 거야. 뭣 때문에. 모른 척하고 살면 다야? 사람들이…… 애들이…… 날 보고 뭐라고 하는지 알아? 애비도 없는 자식이래. 미친년 자식이래. 애비가 많아서 애비도 모르는 자식이래. 날 봐. 엄마. 엄마. 내 애비가 누구인지 왜 날 낳았는지 말 좀 해 줘야 될 것 아니야. 엄마. 엄마. 나…… 오노…… 오…… 노라구. 제발 제발. 도망가지 마. 엄…… 마."

미수는 벽에 기댄 채 바들바들 떨고 있었다.

밖에서는, 오노의 절규에 미랑과 화순네는 억장이 무너지는 듯한 심정으로 소리 죽여 흐느끼고 있었다. 은덕 스님은 침통한 얼굴로 여전히 하늘만 주시했다. 하늘은 눈이라도 퍼부을 것 같은 기세였다.

"어차피 한번은 터져야 할 일이에요. 모자지간에 앙금을 털어내야만 미수가 떳떳하게 일어날 수 있어요. 관세음보살."

오노의 절규는 계속되었다.

오랜 시간 속을 눈치껏 참고 꼭꼭 누른 어린 가슴의 분노가 더디게 사그라지는 불씨처럼 좀처럼 꺼지지 않았다. 화순네는 아예 땅바닥에 다리를 쭉 뻗은 채 통곡을 하고 있었다.

"참말, 저 어린 것이 뭔 죄가 있다냐. 다-아 내 죄랑께. 저 새 같은 가슴팍에 을매나 멍이 들었다냐. 만날, 색시 마냥 기도 못 피고 쌈질 한 번 못하고 빙빙 돌아쌓드니만 우짤꺼나. 우리 오노 불쌍해서 우짤꺼나-잉. 에미 정신 나서 좋은 일이라 했든만 저 어린 속을 저렇게 잘라 논디야. 참말로…… 오-메. 부처님."

오노의 절절한 소리가 그치는가 싶더니 다급한 목소리가 뒤이었다.

"엄마!"

은덕 스님은 황급히 법당 문을 열었다. 미수는 오노의 품에 안긴 채 혼절해 있었다. 오노는 눈물 범벅이 된 얼굴로 겁에 질린 채 미수를 흔들어 대고 있었다. 촛불은 쪼르륵 소리를 내며 눈물 같은 촛물을 흘려보냈다.

끝내 참지 못한 하늘은 눈을 뿌리기 시작했다. 싸라기 같은 알갱이들이 톡톡 튀면서 마른 풀더미 위에 뒹굴듯 튕겨 나갔다. 곱게 오는 눈이 아니었던지 진눈깨비로 변한 눈송이는 장승처럼 서 있는 오노의 머리칼이며 어깨를 촉촉이 적시어 갔다.

은덕 스님은 오노와 나란히 서서 비가 섞인 눈을 맞았다. 저 아래 빼곡한 잿빛 나무 사이로 외길이 보였다. 한참을 망연자실한 모습으로 서 있던 은덕 스님은 무겁게 말을 꺼냈다.

"힘들지?"

오노는 입술을 깨물었다.

"오래전 말이다. 아주 오래전이었어. 지금 꼭 네 나이였을 거야. 네 엄마는…… 그때, 은덕암은 사람들도 잘 모르는 작은 절이었어. 나무꾼이 살고 있는 오두막집 같았지. 네 엄마를 처음 봤을 때 어찌 그리 슬프게도 우는지, 혼자 감당하기 무서웠던 현실이 얼마큼 두려웠는지…… 그렇게 우는 사람을 처음 봤어. 오노. 엄마를 미워하면 안 돼. 엄마는 네게 미안했던 거야. 폭 넓은 모성을 가지기엔 너무 어린 나이였어. 어쩌면 네 아빠를…… 너……를 너무 사랑했을 거야. 기다리고 그리워하고 지쳐 병이 들었을지도 몰라. 네가 아빠가 찾을까 봐 네가 엄마를 원망할까 봐, 엄마는 감당하지 못할 상처가 너무 깊었던 거야. 오노. 넌 우리들에게 참 특별한 인연이었어. 네가 이만큼 크는 동안 우린 너무 할 일이 많았어. 넌 우리에게 많은 웃음과 기대감을 주었던 거야. 지금 이 은덕암을 둘러보렴. 너무 예쁘고 따뜻하지 않니? 마당에 깔린 풀 한 포기조차 할머니께서 정성을 다하셨어. 걸음마를 배우며 뒤뚱거리는 네 모습에 돌부리에라도 걸려 넘어질까 봐, 호미로 다듬고 땅 구석 빈틈만 보이면 옥수수며 딸기, 하다못해 수박까지 심어 네게 주고자 하셨지. 네가 자라는 모습을 보며 많은 것을 잊을 수 있었고 희망을 볼 수가 있었거든."

오노는 울었다.

"엄마가 또 아프면 어떡하죠? 그런 거 아니었는데…… 정말 그런 거 아니었는데……"

"괜찮아. 오노. 넌 아무런 잘못이 없어. 괜찮대두."

은덕 스님이 오노를 달래는 동안 방안에서는 연락을 받고 급히 올라온 동구와 강 노인이 미수를 살피고 있었다. 화순네는 초조한 빛이 역력한 얼굴로 강 노인이 뭐라고 운을 떼기만을 기다렸다. 동구는 일어나 밖으로 나가 은덕 스님에게로 다가갔다. 동구의 얼굴을 보는 순간, 은덕 스님은 알았다. 동구의 말을 듣기도 전에 잠시 휘청거렸던 은덕 스님은 하늘을 보았다.

비가 섞였던 하늘에선 탐스런 눈송이들이 사뿐사뿐 내려앉았다. 가지 끝에 대롱대롱 매달린, 달랑 한 개만 남아 나무를 지키고 있던 씨알감이 투둑 소리를 내며 나무 밑으로 떨어졌다. 동구의 말소리가 분산한 소리를 내며 흩어졌다.

"병원으로 전화했어요. 구급차가 올 거예요."

"안 돼요!"

오노는 방으로 뛰어 들어갔다. 미수는 자고 있었다. 오노는 떨리는 손으로 미수를 흔들었다.

"엄마…… 엄마. 눈…… 떠 봐. 일어나 봐. 엄…… 마……"

미랑이 오노의 손을 잡았다.

"왜요? 할아버지. 엄마가 왜 병원에 가요? 우리 엄마……"

강 노인은 안경을 벗으며 일어서다 넋이 나간 듯 앉아 있는 화순네를 끌다시피 밖으로 데리고 나갔다.

미랑은 오노를 부둥켜 안았다.

"오노. 괜찮아. 아무 일 없어."

"이모. 이모……"

"그래. 울면 안 돼. 알았지? 울…… 지 마."

병원으로 옮긴 미수는 좀처럼 깨어나질 못했다. 화순네는 말할 기력도 잃었는지 한숨을 쉴 때마다 눈물을 찍어댔다. 오노는 미수 곁을 떠나지 못했다. 보다 못한 미랑이 오노에게 집으로 돌아가 쉴 것을 권했다.

"안 돼. 엄마는 내가 지켜야 돼. 엄마가 깨어나면 제일 먼저 날 봐야 돼."

오노는 따뜻한 물에 수건을 적셔 엄마의 얼굴을, 손과 발을 정성껏 닦은 다음 손바닥에 로션을 덜어 얼굴과 손에 발라 주었다.

“미안했어. 엄마. 정말 사과하는 거야. 그러니까 이제 그만 일어나. 나 엄마한테 보여 줄 게 있거든. 토비만큼 못 하지만 엄마한테 보여 주고 싶어 배운 거야. 엄마 일어나면 토비 만나게 해 줄게. 마술사거든. 이모는 말이지. 별루인 것 같이 생각하지만 엄마는 좋아할 거야. 난 엄마를 닮은 것 같거든, 참! 창선이도 지연이도 만나게 해 줄게. 창선이는 단 하나밖에 없는 내 친구야. 의리의 사나이거든. 지연인 말이지 속을 모르겠어. 엄마…… 그러니까 일어나. 할머니 속 그만 썩이고 일어나 응? 제발…… 나 좋은 대학 갈 수 있거든. 졸업하면 대기업에 취직해서 엄마 좋은 것 많이 사 줄게. 이제 말이지. 엄마한테 아무것두 묻지 않을게. 제발 일어나…… 엄마.”

병실 문이 열리더니 뜻밖에 창선과 토비가 들어왔다. 창선이 어색한 표정으로 오노의 어깨를 툭 치며 싱긋 웃었다.

“헤이. 오노 괜찮지?”

오노는 고개를 끄덕였다.

“오-우. 오노. 창선에게 부탁했어. 내가 오자고.”

토비의 말에 고맙다는 말 대신 고개만 끄덕였던 오노는 토비의 손에 들려있는 작은 가방에 눈길이 갔다. 오노는 가방을 낚아채듯 했다. 가방 속엔 마른 꽃잎과 한지로 만든 나비가 가득 했다. 토비를 쳐다보았다. ‘도와주세요-’ 간절한 눈빛이었다.

토비는 윙크를 하며 손가락 둘을 펴 사인을 보냈다. 토비는 오노의 등 뒤로 섰다. 오노는 눈을 감았다. 토비의 동작, 숨소리까지도 알 수 있었다. 새가 날개를 펼치듯 천천히 부드럽게 팔을 벌리며 토비의 숨소리를 따라갔다.

숨소리는 피아노 건반을 두드리듯 높아만 갔다. 도.레.미.파.솔.라.시.도. 봄날 같은 따뜻함이 손끝에 전해졌다. 오노는 새가 되어 춤을 추었다.

"오-노."

엄마의 소리가 들렸다. 어느새 하얀 옷으로 갈아입은 엄마는 눈이 부셨다. 꽃비가 내리고 오색의 나비가 날아다녔다.

"아아, 엄마 눈부셔."

엄마는 웃었다.

"엄마"

"오노."

"다- 나은 것 맞지?"

"응. 이젠 안 아파."

"엄마. 미안해."

"아니. 엄마가 미안해. 사실은 널 볼 때마다 어떻게 말해야 될지 몰랐어. 오-노. 고마워. 이렇게 멋진 선물…… 잊지 않을게."

"매일 보여 줄 수 있어. 우리 같이 사는 거지?"

엄마는 슬픈 눈빛을 했다.

"이다음, 이다음에…… 엄마랑 약속하면 기다릴게."

"왜? 이젠 안 아프잖아."

"아버지가 너무 많이 기다렸어. 이젠 안심하고 갈수 있어. 아버지를 만나면 네 얘기를 아주 많이 할 거야."

"아버지? 왜? 진작 말해주지 않았어. 나도 갈 거야. 아버지가 보고 싶어!"

"안 돼. 그건…… 우린 네가 올 때까지 기다려야 돼. 오노. 약속할 수 있지?"

"엄…… 마."

"오노. 슬퍼하면 안 돼. 그건 엄마가 바라지 않는 거야. 널 만나서 행복했어. 약속한 거야. 꼭."

"엄마…… 엄마."

무지개가 떴다. 엄마는 사뿐히 무지개를 밟기 시작했다.

"오노. 장오노. 넌 엄마 아들이야. 오-노."

"엄-마."

무지개는 사라졌다. 꽃비가 멈추고 더 이상 나비는 날지 않았다. 할머니와 이모의 울음소리가 병실을 흔들었지만, 바닥에 흩어진 마른 꽃잎과 나비를 보면서 오노는 울지 않았다. 엄마와 약속했기 때문이다. 오노는 처음으로 한 엄마와의 약속을 지키기로 했다.

아버지와 함께 기다리겠다는 말도 믿기로 했다. 엄마니까.

엄마의 손을 꼭 잡았다. 손은 따뜻했다.

엄마의 가슴에 얼굴을 묻고 귀를 기울였다.

심장소리가 들리는 것만 같았다. 스르르 눈이 감겼다.

엄마…… 엄마…… 손도 따뜻하고 심장 뛰는 소리도 들리는데…… 뭘……

뜨거운 눈물이 주르륵 빗물처럼 흘렀다.

구름 속에 또 하늘이 있었다. 하늘은 높기만 하였다.

엄마가 걸어간 길.

오노는 또 울었다.

무지개를 찾았지만 무지개는 보이지 않았다.

뭉실뭉실한 구름은 오노를 태운 채 잔잔한 바다의 조각배처럼 바람 물결을 타고 조용히 움직였다.

오노는 구름 밑을 내려다보았다.

아파트가 보였고 학교가 보였다. 시가지의 휴대폰 매장도 보였다. 벚꽃이 흐드러지게 핀 나무 의자가 있는 아지트도 보였다.

토비는 낡은 가방을 펼쳐놓고 나비와 꽃을 뿌려대고 있었다.

구름은 약간 빠르게 움직여 현기증이 났다.

들국화 무리진 벌판을 지나 올챙이가 숨어들던 내를 건너 은덕암으로 오르는 돌계단에 서서 미랑은 박하사탕을 만지작거리며 오노를 부르고 있었다. 울고 있는 것이 분명했다.

많은 사람들이 계단을 힘겹게 오르고 있었다. 그들은 한결같이 눈처럼 흰 옷을 입고 있었다. 오노는 자신의 옷차림을 보았다. 병원에서 주는 환자복을 입고 있었지만 이상하게 생각되지 않았다.

은덕암 마당에 우뚝 서 있는 단감나무가 보였다. 단감나무를 쓰다듬던 은덕 스님의 손에 묵직한 목탁이 들려 있었다.

아…… 엄마!

삼단 같은 머리를 곱게 묶은 엄마는 나무 밑에 서 있었다.

엄마는 은덕암으로 간 것이라고 생각하자, 마음이 급해졌다. 구름을 타고 내려다보던 오노는 갑자기 무서워졌다.

내려 줘.

바람이 거세게 불기 시작했다. 오노는 구름 한 귀퉁이를 꼭 잡았지만 허공이었다.

오노의 몸은 구름 속으로 빠져 곤두박칠치기 시작했다. 스님의 목탁 소리가 크게 들려왔다.

미수의 장례식이 끝난 후, 무겁고 침통한 분위기 속에서 아무도 헤어나오지 못할 만큼 깊은 슬픔은 계속되고 있었다. 끼니때가 되어도 먼저, 밥을 먹자고 권하는 사람도 없었고 마지못해 수저를 들어도 헛손질 하다가 상을 물리는 것은 다반사였다. 말을 잊은 사람들같이 멍하니 먼 산만 바라보며 결국은 한숨지으며 눈물바람으로 보내던 날들이 어지간해서는 끝날 것 같지 않았다. 그중, 화순네의 슬픔은 걷잡을 수 없었다.

잡것, 뭐시 급해서

잡것, 거기가 어디라고

잡것, 고만큼 살끼라고

잡것, 애미보다 먼저 가니 좋다냐.

잡것, 속 박박 긁어 숭숭 바람 맞은 박속마냥 에미 가슴 지천에 늘어놓고 지는 편 하다냐. 참말로…… 참말로…… 내 새끼…… 불쌍해서 우잘까나. 우짤까나잉.

한숨 반, 눈물 반인 절절한 넋두리는 슬픔의 잔해 끝에 자식을 먼저 보낸 흉흉한 어미의 노래였다. 어미의 노래는 안개 뿌연 산중을 헤집고 다니며 살아 있는 모든 것들을 불러냈다.

우짤까나- 우짤까나

참말로- 참말로-

징 하당께- 참말로

엄마-

그랴- 그랴-

엄마-

그랴- 그랴- 내 새끼-

엄-마

그랴- 그-랴- 토깽이 같은 내 새끼-

강 노인은 약 달인 봉투를 화순네에게 건네주며 안색을 살폈다.

"쯧, 나이는 괜히 먹나. 이만큼 살았으면 거둘 줄도 알아야지. 남은 자식 가슴에 무슨 못을 칠라고…… 마음 다지시게나. 힘이 펄펄 나는 약재만 골라 내렸으니 시간 맞춰 드시면 되네."

"시퍼런 강물 같은 새끼를 한 줌 먼지로 맨들고 무신 낯짝으로 보약이 넘어 간다고……"

"인명은 제천이라는 말도 못 들었소? 여식은 살만큼 살다 간 거니 탓하지 마시게나. 슬픔도 길면 보기 흉한 거네. 그건 그렇고 우리 아들하고 따님하고 혼인시켰으면 어떻겠소?"

혼인이라는 말에 눈을 둥그렇게 뜬 화순네는 손에 받아 들고 있던 약이 담긴 봉투를 바닥에 떨어뜨렸다.

"내 스님한테는 운을 떼어 놨고 우리 아들놈은 진작부터 마음을 정해 놓은 것 같으니 그 댁 여식만 좋다면 후딱 짝을 지어 줌세. 내 죽기 전에 손자 재롱이라도 봐야 안 되겠소?"

그날 밤, 화순네는 꿈을 꾸었다.

"엄-마."

미수는 함박꽃처럼 웃었다.

"미안해. 엄-마."

오랜만에 오노를 불러낸 창선은 차가운 나무 의자에 등을 기댄 채, 밤하늘을 바라보며 침묵을 지켰다. 평상시와 다른 창선의 모습에 오노는 창선에게 안 좋은 일이 생겼다는 것을 직감할 수 있었다. 오노는 습관처럼 주머니 속에서 뜨거운 캔 커피를 꺼내어 창선에게 건넸다.

"세상이 엿 같애."

캔 고리를 따며 불쑥 내뱉던 창선의 말이 화살처럼 가슴에 박혔다. 오노는 창선의 다음 말을 기다렸다. 창선은 부스스 일어났다.

"어디 가?"

대답 없이 성큼성큼 걸어가는 창선을 따라 간 곳은 창선이 살았다던, 마당이 넓은 고물상이었던 옛집이었다. 주인 잃은 집은 어둠 속에서도 사람이 살고 있지 않다는 것을 느낄 수 있을 만큼 황량하고 스산한 기운을 뿜어내고 있었다. 주변에 들어선 상가 불빛들이 살짝 비켜가긴 했지만 그나마 다행스러웠다.

창선은 대문을 발로 밀듯이 "툭" 찼지만 문은 열리지 않았다.

"젠장, 잠겼잖아."

창선은 담배를 꺼내 입에 물고 라이터 불을 켰다. 라이터 불빛에 비친 창선의 눈에 눈물이 반짝 거렸지만 오노는 아무것도 묻지 못했다. 담배는 언제부터 피운 거냐고, 왜 우느냐고, 무슨 일이 있었느냐고, 한마디도 묻지 못한 채 창선의 하는 양만 지켜볼 수밖에 없었다.

"이 집이 헐린대. 여기 상가 건물 짓는대나 봐. 저거 다 우리 땅이었는데…… 콩밭이었잖아. 엄마하고 할머니가 감자 심고 옥수수 캐서 리어카 끌고 오는 사람들에게 나눠 주기도 했었어. 젠장. 나쁜 자식. 집 팔고 땅 팔아서 젊은 여자하고 도망간 자식. 그것도 외국 여자하고 말이야."

창선은 담배를 비벼 끄며 침을 뱉었다.

"저 집을 사는 게 꿈이었어. 할아버지…… 할머니도 엄마도…… 누나도, 모두…… 편안하고…… 그땐 몰랐었는데, 고물 따위로 늘어진 저 집이…… 저 집이 얼마나 소중하고 귀한 집이었는지…… 주먹만 한 꽃이 말이지…… 우리 엄마가 좋아하고 아끼던 꽃나무가 말이지…… 내가 다시 사 버리려고 돈 많이 벌어서 허물기 전에 사 버리려고 했는데, 어떡하지…… 우리 엄마 또 울건데…… 바보 같은 엄마…… 집도 뺏기고 남편도 뺏기고…… 꽃나무도 뺏기고…… 땅 값은 올라서 우리 애비가 미친 값에 떠넘긴 것 몇 배는 된다던데……"

혼이 빠져 버린 듯한 주절거림에 오노는 더 이상 창선의 말을 들어주기가 힘들었다. 창선의 분노와 허탈감 속에 똑같이 빠져드는 기분이었다.

"내가 도와줄게."

"뭘?"

"내가 도와준다고 했잖아. 나도 돈 벌어서 저 집 도로 사게 해 줄게. 약속할 수 있어."

"자아식. 임마. 넌 공부나 잘해. 알지?"

"정말이라니까. 철밥통 하면 되잖아. 대기업에 취직하든가."

"그까짓, 철밥통 월급 얼마나 된다고. 부정이나 안 하고 살면 다행이지."

"대출받지 뭐. 철밥통은 대출도 잘 해 준대."

"넌 역시 범생이야. 아무것도 모르는…… 돈 버는 게 쉬운 건 절대 아니거든."

창선은 킥킥대며 웃었다.

"넌 참 이상한 자식이야. 너랑 말하다 보면 어이없는 일이지만 웃게 되거든. 바보는 아닌데 맹한 것 같기도 하고 네 앞에서는 화를 낼 수가 없어."

"내가 그런 거야? 난 뭐든 진심인데."

헤어지면서 창선이 던지듯이 남겼던 말이 오노가 들을 수 있는 창선의 마지막 말이 될 줄은 꿈에도 몰랐다.

"야 - 오 - 노. 네 이름말이야. 참 좋은 이름 같아. 머리 나쁜 놈들도 잘 기억할 것 같거든. 그리구 우리 집 말이지…… 기혁이 그 좀비 같은 자식 애비가 산 거래. 우리 애비 박철구는 죽 쒀서 개 준 거래. 그래서 말이지. 꼭 살 거거든. 너 도와준다고 약속한 거다. 잊으면 안 - 돼."

창선의 목소리가 빈 하늘을 가득 채웠다. 성큼거리며 걸어가는 뒷모습에 콩밭에 줄줄이 매달린 콩깍지며 씨알 굵은 감자들이, 땡볕에 추-욱 늘어진 수염 달린 옥수수들이, 아우성치며 따라 가고 있었다.

오노는 눈을 비볐다. 창선의 모습은 길 건너 고장 난 신호기를 지나 어디론가 사라졌다.

동두천 안개

강 노인으로부터 미랑과 동구의 혼인 말이 오간 이후, 화순네의 부산한 움직임이 무겁게 가라앉던 절간을 깨우고 있었다.

은덕은 그런 화순네를 보고 안심했다. 미수를 보낸 죄책감에 화순네와 똑같은 심정으로 보냈던 날들이었다. 좀처럼 슬픔 속에서 헤어 나오지 못하는 화순네를 볼 때마다 여간 걱정이 되는 것이 어쩔 도리가 없었다. 강 노인의 훌륭한 처방은 남겨진 자식에 대한 모성애에 불을 지르게 된 것이다.

"참말, 눈뎅이가 사그락거리드만 웬 먼지가 쌓였다냐."

"워매, 우짤까나잉.- 씨래기가 눅눅한 기 바람도 찹구만 뭐 땀시 곰팡내가 난다냐."

정겨운 소리였다. 살아 있는 소리였다. 은덕은 마음 깊이 감사했다. 의지하며 살 수 있는 것이 있다는 것은 대단하고 중요한 일이었다. 은덕은 바람에 빈 가지를 흔들며 서 있는 감나무를 어루만졌다. 미수를 처음 만나던 해부터 조랑조랑 열렸던 감들은 미수가 만지며 놀던 유일한 장난감이었는지도 모른다. 감꽃이 허연 나무 밑에 쭈그리고 앉아 하나씩 주워 쪽쪽 빨아먹던 미수의 놀이터, 미수는 감나무 밑에 살고 있으리. 떨어진 감꽃으로 엮은 목걸이를 목에 걸고 늘어진 가지에 걸터앉아 하나씩 빼 먹으며 우리 모두가 저를, 얼마나 사랑하고 살았는지 생각하며 부산한 화순네의 목소리를 들으며, 훌쩍 커 버린 오노를, 풀꽃같이 여리기만 한 미랑을 기다리고 있을지도 모를 일이었다.

"스님, 바람도 찹구만…… 뭐 하신당가. 오랜만에 대추 대려 걸렀는디. 드셔야제."

은덕은 왈칵 눈물이 났다. 자신도 모르게 화순네의 두 손을 꼭 잡았다. 바짝 마른 가죽만 씌워 놓은 것 같은 뻣뻣한 손이었다.

"또…… 또…… 고무장갑 안 끼셨지요. 산물에 손 트면 아프다면서요."

"참말, 갑갑해서 우찌 낀다요. 후딱 해 버리는 게 낫당께요."

"그럼, 보일러 틀어 따뜻한 물에 하세요."

"기름 값도 비싼디, 갑자기 기름 떨어지면 길도 미끄러운디 빨리 와야 말이제. 애 터지구만."

"기름 값이 들면 얼마나 든다고 딴 것 아끼지요. 아무래도 안 되겠어요. 겨울 날 때까지 오노한테 계시다 오세요."

"안 되지라, 절 문 닫으면 모를까. 스님 놔두고 아무 데도 안 간당께요. 그랑께 그런 소리 하들 마시랑께."

"힘 드셔서 그러죠. 이젠 건강 챙기시고 세상 구경도 하시고 그러셔야죠."

"세상 구경은 무신…… 눈 뜨면 새 울고 꽃 반기제…… 스님 목탁 소리 시계 같은디…… 은덕암에 오는 양반들 뜨신 공양이라도 내 손으로 챙기고, 우리 부처님 날마다 지켜보시는디, 여그 만큼 좋은 데가 어디 있당가요. 저 나무 밑에 우리 미수도 있는디……"

"참! 미랑 씨 혼사 문제는 생각해 보셨어요?"

"그라게요. 총각은 실하니 듬직하든만요. 사람 속을 들여다 볼 순 없고."

"제가 알기론 성품도 곧고 착실하긴 하던데, 본인들 생각이 어떤지……"

"우리 미수 몫까정 잘 살아야 할 낀데, 오노 키운다고 좋은 시절 지 맘대로 살도 못 했구만, 신랑이라도 잘 만나야 할 낀데……"

"그 댁 어르신도 덕이 있으신 분이니 잘 살 겁니다."

"하기사, 옛말 그른 것 없당께요. 부모를 보면 자식을 안다 했구만요. 다 – 아 지 팔자겠지라?"

도란도란 – 달작하고 깊은 대추차 향기만큼이나 따사로운 정담 속에 짧은 겨울 해는 어느새 야트막한 산중을 벗어나고 있었다.

미랑은 당황하지 않을 수 없었다. 동구를 알고부터 은연중 의지를 하게 됐던 것은 사실이었지만, 혼사 문제까지 말이 나올 줄은 생각지도 못한 일이었다. 오노를 떠안고서부터, 아니 지난 시간 속을 거슬러 올라가면 앙금 찌꺼기같이 찰지게 고여 있는 정수가 있었다. 맑고 다정한 목소리를 가진…… 죽을 때까지 미랑의 손을 놓지 않을 것 같던, 적어도 그때까지는 진실되다고 믿었던 정수는 자신의 길을 간다는 이유로 결국은 등을 돌리며 떠나갔다.

처음엔 아팠다. 부서지고 할퀸 자국도 없이 상처가 생기고 커다란 딱정이가 생겼다. 불에 덴 것처럼 화끈거리며 쓰라렸던 딱정이는 돌처럼 굳어 떨어질 줄 몰랐다. 마치, 심장 한 귀퉁이에 깁스를 한 것처럼, 움직이며 바라볼 수 있는 모든 것에 대한 공허함이 기다림으로 남는가 싶더니 결국은 미움으로 변했다.

미랑은 알고 있었다. 자신에게 맡겨진 짐이 정수에게도 부담스러웠다는 것을, 사랑의 영원함이 깨진 그 순간부터 눈을 감아 버렸던 것은 실낱 같은 기다림인지도 모른다. 미랑이 버리지 못한 습관 중의 하나처럼 가슴 한 구석에 가두어 놓고, 가끔씩 꺼내어 가슴앓이 하는 것 역시 스스로 만든 병이었다. 미랑은 베란다에 서서 창밖을 내다보았다. 어두운 밤 공기에 실려 모든 것을 감추어 버린 안개는 새삼 신비로울 것도 없었다. 미랑은 희끗거리며 움직이는 그를 본다.

"이젠 오지 마."

"할 말이 있어."

"이미, 오래전에 들었어."

"넌, 나를 기다리고 있잖아."

"네 생각대로 말 하지 마."

자신도 모르게 아파트를 빠져 나와 안개 속에 서 있던 미랑은 두리번거리며 그를 찾았다.

"어디야? 어디 있냐구…… 나, 너에게 할 말이 있어. 들어야 돼. 넌, 내 말을 들어야 돼."

숨겨 두었던 감정이, 바짝 말라 버석버석 갈라진 나무 등걸 같은 심장이 훨훨 타고 있었다.

"난, 억울했어. 넌…… 나에게 지독한 벌을 준거야. 왜? 널…… 사랑하고 믿은 것 밖에 없었는데 왜? 넌 행복해야 하고 난 아파야 되냐구? 말해 봐. 나도 꿈이 있었어. 널 사랑해서 널 믿어서 잡스런 물감 칠이 아닌

나만의 세상을 그리고 싶었고 죽을 때까지 네 모습을 보고 싶었어. 내가 잘못된 것 아니잖아. 넌 비겁했어. 결국 너 자신을 위해 가 버린 거야. 용서하라구? 넌 용서할 가치도 없어. 가. 가 버려 . 두 번 다시 오지 마. 오지 말라구."

미랑은 울었다. 꽉 막혔던 가슴이 뻥하며 뚫린 채 물줄기를 솟구쳐 올리는 것처럼 쉽사리 울음을 거두지 못했다. 지독히도 긴 시간이었다. 그깟 일 살다 보면 무슨 대수라고 보물 덩어리마냥 가슴 속에 꽁꽁 싸매어 두었을까. 미랑의 앞에 커다란 나무가 움직이기 시작했다. 나무는 움직일 때마다 싸한 약초 냄새를 풍겼다.

"미랑 씨."

낯익은 목소리였다. 미랑은 눈을 감았다. 어디선가 차 시동 거는 소리가 들렸다. 미랑이 눈을 떴을 때 근심어린 눈빛의 오노와 동구가 보였다.

"이모."

미랑의 기척에 오노는 반가운 듯 미랑을 불렀다.

"이모, 괜찮아?"

"나? 아무렇지도 않아. 그런데…… 동구 씨는 어쩐 일로?"

미랑의 말에 동구와 오노는 서로 얼굴을 마주 보았다. 간밤의 일을 기억하지 못하는 것이 틀림없었다. 동구의 눈짓에 오노는 슬그머니 자리를 일어섰다. 동구는 굳은 표정으로 천천히 말문을 열었다.

"저…… 미…… 미랑 씨. 지난밤에 밖에 나가셨던 것 생각 안 나세요?"

미랑은 싸한 약초 냄새를 풍기며 다가오던 나무를 생각했다.

"나무라고 생각했는데, 동구 씨였군요."

"미랑 씨가 베란다에 있는 것을 보았어요."

"다- 아, 보셨겠군요."

"제가 본 것은 나를 보고 온 미랑 씨에요."

미랑은 눈을 돌렸다. 이젤 위에 걸린 은행나무 밑의 남자가 대금을 불고 있었다. 대금 소리는 여전히 구슬펐다.

"난, 미랑 씨의 추억 속에 존재하진 않아요. 추억은…… 미랑 씨 거니까, 미랑 씨 마음대로니까."

미랑은 그림을 내렸다.

"이거."

"저 주시는 거예요?"

미랑은 고개를 끄덕이며 웃었다.

"어쩌면, 동구 씨의 진짜 모습일거라고 생각했어요. 제 생각이 맞는다면요."

그림을 펼쳐들고 좋아하는 동구의 모습에 마음이 가벼워지는 것을 느끼며 미랑은 창밖의 하늘을 바라보았다. 하늘은 따뜻한 햇살을 뿌리고 있었다. 안개는 아무것도 남기지 않았다. 안개는 그림자도 없었다.

이별,
사랑하는 사람들

*

내게 닥친 두 번째 불행이었다. 한 번도 생각해 본 적이 없는 죽음이라는 것, 그것도 엄마와 창선이라니 믿을 수 없는 일이었다. 그런 어이없는 일들이 내게 있었어도 특별한 일이 아니라는 것을 - 한 번 쯤은 겪어야 하는 틀림없는 일이기 때문에 - 알기까지 많은 괴로움과 싸우며 아파했던 것은 그들이 내게는 소중했던 사람들이었기 때문이었다. 언제쯤일까. 그들 곁에 나 역시 갈 날이 있겠지만, 그날까지 난…… 내 친구 창선이와 엄마를 아끼며 사랑할 것이다. *

하얀 국화꽃이 창선의 사진을 덮을 만큼 쌓여만 갔다. 창선의 영정이 걸린 영안실엔 교복을 입은 학생들이 줄을 지어 서 있는 통에 발 디딜 틈이 없었다.

오노는 하얀 벽에 기댄 채, 창선의 사진을 뚫어져라 보았다. 도무지

믿을 수 없는 일이었다. 눈앞에 벌어진 모든 일들은 분명 현실이었지만, 오노는 꿈이기를 바랐다.

"나쁜 자식, 그런 거야? 그런 거였어? 나 보고 도와달라며…… 돈 많이 벌어 좀비 애비가 산 땅, 도로 살 거라며? 그래놓고…… 나 보다 먼저 죽어……"

아무리 마음으로 말해도 사진 속의 창선은 미소를 띤 채, 말이 없었다. 오노는 손등으로 눈물을 닦았다. 눈물은 뜨거웠다. 어떻게 이런 일이? 말도 안 되는 일이라고, 믿어서는 안 된다고 수없는 다짐을 반복하며 아니기를 바랐지만, 어쩔 수 없이 자신은 장례식장에서 창선의 사진을 보며 울고 있는 것이다. 창선의 엄마는 정신을 잃어 응급실에 있다고 지연이 훌쩍거리며 말해 주었다.

"창선이 엄마 포장마차 자리가 기혁이네 건물 앞이래. 자리를 치우라고 했나 봐. 기혁이랑 애들이 축구하는 데 창선이 갔었대. 애들 말이 그래…… 내기였나 봐. 창선이 이기면 모두 휴대폰을 바꿔 주기로…… 포장마차 자리도 지 아버지한테 말해서 그냥 두기로……"

지연은 말을 끊은 채 울고 있었다. 오노는 답답했다.

"그래서…… 그런데…… 왜? 창선이 죽었냐구? 왜? 왜?"

오노 의 다그침에 지연은 목멘 소리로 간신히 말을 이어 나갔다.

"애들이 창선이만 공격했대. 창선이는 공으로 맞기만 했대나 봐. 그건…… 축구가 아니었대. 그날 밤에…… 그날, 사거리에서 …… 차에 치였는데…… 뒤따라오는 차에 또,.."

"그만…… 그만."

오노는 귀를 막았다. 창선의 모습이 눈에 선했다. 공에 맞아 뒹구는 모습이, 고장 난 신호기 제쳐두고 멋대로 달리는 자동차 앞에 갈갈이 찢겨지는 창선의 모습에 오노는 미칠 것만 같았다.

죽은 망자에 대한 인심은 후했다. 학생 가장이 어쩌느니 저쩌느니, 침통한 낯빛으로 위장한 채, 애도의 뜻을 표하며 품에서 꺼내 놓는 하얀 봉투들, 가난이 큰 죄인 마냥 교실 뒷자리로 내몬 채, 눈길도 안 주던 선생들은 마지못해 학생들을 이끌고 하얀 꽃을 던져 주며, 그래도 삶에 몸부림치던 어린 제자가 가엾어 손수건을 꺼내 울어 주었다. 장례식비도 없이 딱한 처지라는 비정한 현실에 성금이 모아졌고, 아들 하나 보고 살던 엄마와 누나가 장애를 갖고 있다는 사실에 혀를 차던 사람들은, 최종적으로 수학을 뛰어나게 잘했지만 돈이 없어 대학을 포기했다는 이유로 고갯짓을 하며 뭔가 해 줘야 할 명분 같은 것을 찾고 있었지만, 번번이 사고가 나는 고장 난 신호기라든가, 교통규칙을 지키지 않는 것 등에 대해서는 말하는 이가 없었다.

"글쎄, 차가 와도 피할 생각이 없었던 것 같았대요. 넋 나간 사람 같았대요."

"쯧쯧, 어린 게…… 그렇게나 살라고 애쓰든만, 얼마나 힘이 들었으면 차가 오는 것도 몰랐을까요."

"우리 애가 그러는데, 축구공에 엄청 맞았나 봐요. 뭐, 피할 생각을 하지 않았다고 하던데 애들이 고의로 그랬다고 하더라구요."

"그나저나, 남은 식구들이 문제죠. 그 애가 그 집 가장이었던 것 같은데…… 애 엄마는 아직도 깨어나지 못한 것 같은데."

"오죽 하겠어요. 다, 키워놓은 자식…… 저리 험하게 죽었는데, 그래도 그렇지. 친 사람을 또 치니, 눈을 감고 운전을 하나, 에이…… 문제예요, 문제."

오노는 사람들의 말을 아프게 주워들으며 울었다. 창선은 편의점 알바를 하며 날짜와 시간 표기가 지난 것들을 골라내며 하루 세끼에 대한 희망을 가족과 함께 나누었었다. 자신의 미래보다 엄마와 누나를 편안히 잘 살게 해 주고 싶었던 창선은, 오노에게 유일한 친구였으며 형 노릇을 톡톡히 했던 셈이었다. 오노는 장례식장을 뛰쳐나가 시가지 게임방에 있던 기혁을 찾아내 다짜고짜 끌고 나왔다. 창선의 일로 한 풀 꺾인 탓인지 분노로 가득한 얼굴표정 때문인지 겁에 질린 듯 별 다른 저항 없이 오노에게 질질 끌려 장례식장까지 와서야 기혁 은, 겨우 오노의 손을 뿌리칠 수 있었다.

"에이, 이 자식. 뭐야. 숨 막혀 죽을 뻔 했잖……억."

기혁이 말을 마치기도 전에, 오노의 주먹이 기혁을 향해 날아다녔다. 창선이 나무 의자에 앉아 울고 있었다. 휴대폰 열 개를 꼭 움켜 안고 울고 있었다. 빈 포장마차가 덜컹거리며 굴러갔다. 창선의 팔이, 다리가 제각기 공중으로 날아다니며 벌건 피를 뿌려대고 있었다. 지연이 찢어진 옷을 주워들며 울고 있었고, 바닥을 기던 창선은 기어가는 목소리로 말했다.

"오-노, 그…… 만해. 너…… 이..자..식."

때 아닌 소동에 장례식장에 있던 사람들은 모두 놀라며 나무라는 표정이었지만, 마치 제정신이 아닌 듯한 오노의 모습에 기가 질린 듯 나서는 이가 없었다.

오노는 악을 썼다.

"왜 그랬어..? 창선이한테 왜 그랬냐구? 니가 죽였어. 니가 죽였다구."

"공에…… 맞아 주기로 했어. 우린 내기를 한 것뿐이라구. 나도…… 나도 찝찝하다구. 창선이가 그날 죽을 줄 몰랐어. 그 자식 그렇게 된 게 내 탓은 아니잖아."

오노는 창선의 영정을 가리켰다.

"넌, 나쁜 놈이야. 지연이도 창선이도 내게서 다 뺏은 놈이야. 사과해. 창선이한테 사과하라구. 미안하다고…… 잘못했다고……"

오노. 오노. 노우. 노-우. 오-노. 노우. 난 싫어. 사탕도 싫어. 과자도 싫어. 노.노.노.

오노는 기혁을 얼마만큼 때렸는지 기억을 하지 못했다. 누군가 오노의 팔을 억세게 낚아챘다는 것 외에, 사람들이 웅성거리는 소리와 더불어 기혁을 부축해 어디론가 가고 있었다.

기혁을 때린 일에 대해서 오노는 후회라든가 두려움을 갖지 않았다. 오노에겐 소중했던 창선이였다. 창선이 얼마나 아프게 갔는지 오노는 잘 알고 있었다. 다행히 창선의 죽음으로 분분했던 구설이 누가 될까 봐, 기혁의 아버지는 모든 것을 덮고자 했다. 오노의 일로 동분서주했던 동구는 일이 잘 해결되었다고 말해 주었다.

"오노, 네 마음 알겠지만 이젠 잊어 버려. 창선이도 슬픔이 긴 걸 좋아하진 않을 거야."

"사람을 때린 일에 대해서는 잘한 일이라고 생각하지 않아요. 하지만 이번 일은 어쩔 수 없었어요. 그렇게라도 하지 않으면 창선이 너무 불쌍했어요."

"아마, 나라도 그랬을 거야. 오노. 참, 멋진 일이야. 창선이는 좋은 친구를 가졌던 거야."

"그렇게 생각할까요?"

"틀림없어."

"죄송해요. 스님께도 죄송하고, 모두 다."

"자아식, 이번에 스님께서 애 많이 쓰셨어. 기혁이 아버님 만나 겨우 화를 풀긴 했지만, 세상은 혼자 살지 못하는 법이거든."

동구는 생각났다는 듯 오노를 돌아보며 흘리듯 말했다.

"참, 지연이 용기 있는 아가씨였어. 자신의 수치를 내보일 수 있는 사람은 많지 않거든. 기혁이 아버님이 네 일을 덮고자 한 것은 지연이가 기혁이 한 일을 덤으로 알려주었기 때문이지. 똑똑한 아가씨였어."

오노는 지연에게 미안해졌다. 창선은 지연의 일이 알려질까 봐 염려했었는데, 오노의 일로 인하여 스스로 밝힌 셈이었다.

나무 의자에 앉아 캔 맥주를 홀짝거리며 귀 동냥으로 주워 담던 이야기들을, 어른스럽게 일러 주던 창선의 모습은 이젠 볼 수가 없었다.

토비는 떠나기 전날, 나무 의자에 꽃 한 다발을 갖다 두었다.

"가시는 거예요?"

오노의 목소리는 떨렸다. 토비는 대답 대신 빙긋이 웃음을 지어 보였다.

"왜 모든 일이 한 번에 생기는 거죠?"

"불행이라고 생각하면 안 돼. 슬픔과 기쁨은 눈물의 차이란다. 하루에도 많은 일들이 벌어지곤 하지. 모든 것은 자신에게 주어진 과정일 뿐이야."

"토비, 알고 있었어요? 운명이라면 창선이 이렇게…… 빨리 가 버린다는 것을요?"

"아니, 아무도 운명은 알 수가 없어. 주어진 만큼 노력하며 사는 것이 운명이야. 창선은 주어진 만큼 열심히 노력하며 살다 간 것뿐이야. 그의 영혼은 또 다른 그만의 세상에서 새로운 운명의 길을 준비하겠지."

"아직은…… 아직은요. 모든 게 이해되진 않아요. 엄마도 창선이도 불쌍하다고만 생각해요."

"언젠가는 모두 같은 길을 간단다."

"토비. 지금 가면 영영 못 보는 건가요?"

"내 고향은 리버풀, 여긴 내 어머니의 고향이야. 알고 싶었어. 고향을 그리워하며 살던 어머니의 마음을, 이젠 사랑하는 가족이 있는 곳으로 돌아가고 싶어."

토비는 오노의 손을 꼭 잡았다.

"좋은 곳이야. 눈이 많고 단풍이 아름다운 이곳에 내 부모님의 이야기가 있었어. 그것을 알기까지 너무 소중한 시간들이었어."

토비는 웃었다. 그리고 은밀하게 말했다.

"오-노, 내 이름은 존 레논(John Lennon)이야."

오노도 웃었다.

"난, 우리 부모님이 나에게 준 이름을 감사해. 그들이 사랑한 사람이었거든. 신 같은 존재였지. 어렸을 때 이름 때문에 야유를 많이 받았었어. 대신 토비라는 애칭으로 불리기를 원했지. 난 내 세계를 만들며 그 속에 살기를 원했어. 우리 부모님이 늘, 들려주던 노래가 있었어. -Oh my Love- 나도 그 노래가 좋아지기 시작했어. 정말."

나뭇가지의 잔설이 햇살에 반짝였다. 이상한 일이었다. 아무 일도 없었던 것처럼 모든 것이 똑같았다는 것은.

*

이런 것 보고 객지 생활이라고 하던가, 아무튼 나는 토비의 초청으로 운 좋게도 그 유명한 리버풀이라는 아름다운 곳에서 유학이라는 호사를 누릴 수가 있었으니 얼마나 복이 많은가. 그러나 시간이 흐를수록 난 정말 내가 무엇을 해야 할지 알게 됐을 때, 다시 그들 품에 돌아가기로 결심했을 때 비로소 행복이라는 것을 느꼈다. 이젠 난 안다. 행복이라는 놈을, 어떻게 하면 그 놈을 볼 수도 있는지 말이다. 아아. 난 이제 돌아간다. 사랑하는 사람들이, 날 기다려 주는 사람들이 있는 그곳으로 말이다. *

오노는 지연의 메일을 읽고 또 읽었다.

오노.

네가 돌아올 때쯤이면 귀여운 조카를 볼 수 있을 거야.

할머니께서는 요양원 식구들에게 손수 가꾸시던 야채들을 정성껏 다듬어 음식들을 만드시느라 날마다 바쁘셔. 끼니때마다 꼭 네 밥을 먼저 푸셔서, 한쪽에 놓아두시곤 해. 그리고 두 손을 모아 싹싹 비비며 이렇게 말씀하시지.

'우리 오노, 객지 바람에 배곯지 않게 한사코 지켜 주시랑께요.'

하루도 빠짐없이 지극정성이신 모습을 뵈면 어떤 때는 나도 모르게 눈물이 나올 때도 있었어.

은덕 스님께서도 이곳에 와 계신 분들을 돌보시느라 바쁘시기만 해.

동구 아저씨, 할아버지가 계셔서 다행이라고 늘 말씀하시곤 하지.

난 복지학과 간신히 졸업하고 은덕암에 취직한 셈이야. 뭔가, 소중한 걸 찾은 느낌이지.

모두 네가 돌아오길 기다려. 특히 은덕 스님이…… 아! 이건 비밀인데 말이지. 너한테 말해 줘야 할 것 같아서, 오노. 네 이름은 사실 아무 뜻도 없대. 네 엄마가 널 낳으실 때 많이 힘드셨대나 봐. 널 낳는 순간 오-노 하고 소리친 게 네 이름이 됐다나. 한 가지 더 좋은 일은 창선이 엄마와 누나도 한 가족이 되었다는 사실, 어때…… 정말 잘된 일이지? 창선이도 좋아할 거라고 생각해.

아참, 토비 아저씨를 만나게 되면 안부 전해 주고, 마술사로서의 멋진 네 모습을 기다릴게. 안녕. 오-노.

오노는 눈을 감았다.

노오란 작은 알갱이가 숭알숭알 매달린 채 알싸한 향기로 짙은 가을을 불러내던 들국화가 가득한 들녘엔 머리 허연 억새들이 흔들거렸다.

졸졸졸 흐르는 냇가의 멋대로 생긴 돌멩이 징검다리를 깡총거릴 때마다 근심스런 얼굴보다 먼저 잡아 주던 손, 한 번도 놓치지 않았던 가냘프고 따뜻한 손, 그 손 마디마디에는 오노가 이 세상에 태어나면서부터 지금까지의 모든 것들이 새겨져 있었다.

입안에 굴리던 싸한 박하사탕, 하나둘, 세다가 꼭 잊어버리곤 했던 반질한 돌계단, 조용하고 푸근한 모습으로 반겨 주던 은덕 스님, 세상의 온갖 것 다 주어도 모자랄 만큼의 안타까움으로 가득한 할머니, 오노의 눈가에 눈물이 흘러 내렸다. 창선과 엄마를 잃어버린 일은 일생의 커다란 비극이었다. 잃어버렸다는 상실감은 오노를 칼날 같은 바위로 둘러싸인 벼랑 끝으로 몰고 갔다. 그들을 위해서 아무것도 할 수 없었다는 자책감과 더불어 공허함 속에 갇혀 헤어나지 못하던 오노를 회유하고 위로하기보다는 스스로 깨어나기를 침묵으로써 기다려 주었던 소중한 가족들이었다. 오노는 한쪽 팔을 뻗어 손바닥을 폈다. 아무것도 잡히는 것이 없었다. 눈에 보이지 않는 것, 그것은 아무 의미조차도 없었다. 기억을 할 수 있는 것은 아주 중요한 일이지만 때로는 불필요한 일이기도 했다. 지극히 간단한 사실을 깨닫고 훌훌 털어버리듯 일어섰을 때 그나마 간신히 들어갔던 대학을 휴학하고 군에 입대했던 것은 아주 잘한 일이라고 생각되었다. 군 생활을 하는 동안 오노는 많은 것을 배웠다. 세상에 나가 무엇을 해야 될지 고민하는 따위는 두 번 다시 없을 것이라고 생각했다.

군 생활을 마치고 복학을 하기 전에 오노는 결심했던 일을 은덕암 가족들에게 의논이라기보다 일방적으로 통보한 셈이지만, 할머니의 걱정 말고는 모두들 고개를 끄덕이며 찬성해 주었다. 미랑은 눈물부터 글썽였지만 오노는 일부러 못 본 척 했다.

유난히도 파아란 하늘_ 은덕 스님과 오노는 나란히 서서 하늘을 바라보았다. 뭉실한 구름이 따갑기 만한 가을 햇살을 살짝 가려주는 듯 했지만, 잠시 뿐이었다.

"정말, 우리 오노가 어른이 되었구나. 오노. 두려운 게 많지만 정말 두려운 것은 아무것도 없단다. 견문도 넓힐 겸 네 생각대로 하는 것이 좋겠구나. 낯선 땅들을 밟을 때마다 모든 것이 생각보다 되지 않을 때도 많을 거야. 우린 너를 믿는단다. 잘 이겨 내리라고……"

말끝을 흐리며 은덕 스님은 미수가 잠들어 있는 마당의 단감나무를 가리켰다. 커다란 아름드리나무가 된 나무, 햇살의 힘을 받아 반지르한 잎새들은 살짝 스치는 바람에도 찰랑거리듯 흔들렸지만, 드문드문 단물이

포 – 옥 든 단감들은 힘겨운 듯 주렁주렁 매달려 있었다.

"저기 저 나무를 보렴. 네 엄마를 만나던 해 심었던 거란다. 네 엄마의 놀이터나 마찬가지였어. 감꽃이 떨어지면 하나하나 주워 꽃목걸이를 만들기도 하고, 꽃송이의 단물을 먹을 줄도 아는 소녀 같은 애 엄마였어. 그땐 참 어린 나무였는데 언제 열매를 맺어줄까, 틈만 나면 들여다보곤 했었어. 병이라도 나서 죽으면 어쩌나 하는 조바심을 가질 때도 많았지. 참…… 신기한 일이야. 하얀 감꽃을 그리도 잘 먹던지 지금도 눈에 선하구나. 그 모습이 너무 천진하고 이쁘기만 했었어."

오노는 보지 못했던 엄마의 모습에 진한 감동을 느끼며 잔잔히 밀려드는 그리움에 목이 메었다.

"엄마는 왜 저 나무를 그렇게 좋아했을까요?"

"그러게…… 할머님 말씀엔 살던 시골집 마당에 커다란 감나무가 있었다더구나. 그 마을에 감나무가 많았대. 아마도 어린 시절이 그리웠을지도 몰라."

"엄마도 꿈이 있었을까요?"

오노의 물음에 은덕 스님은 잔잔한 미소를 흘렸다.

"누구나 다 꿈을 꾸며 살던 때가 있지. 오노 너처럼 말이야. 저 나무의 꿈도 열매가 아니겠니? 고운 빛깔의 튼실한 감을 가지마다 매달고 해바라기하는 것처럼, 오……노. 지치면 너무 힘들어 지치면 말이지…… 언제든 돌아오렴. 우린 이곳에서 널 기다릴게."

"기다릴게"라는 은덕 스님의 말에 오노는 어린아이처럼 울었었다. 외롭지 않았다. 아버지가 누구인지 몰라도 한 번도 본 적이 없었어도 궁금해하지 않으리. 엄마가 없어도 창선이가 없어도 그들로 인해 아파하지도 않으리. 나는 나니까, 나답게 살으리.

화순댁은 미랑의 결혼식을 서둘렀다. 정작, 민망스러워하는 동구와 미랑을 불러 놓고 마음이 놓였는지 한결 부드러운 표정이었지만, 미수가 생각나서인지 한스러움이 눈빛에 담겨 있었다.

"잘 살아야 한당게. 참말로 나는 말일시, 배운 것도 없당께. 무지깽이지만 세상 도리는 어겨 본 적이 없당께. 우리 사위님도 불쌍한 내 딸, 꽃 보듯이 아끼고 사시랑께. 토끼 같은 자슥들 줄줄 낳아 평안하니 내 만날, 부처님께 손이 닳도록 빌텐게잉……"

그러고는 울었다. 동구와 미랑의 손을 꼬옥 붙들고 펑펑 울었다.

결혼식은 절 마당에서 조촐히 치렀다. 오노는 지연이 들러리 역할을 훌륭히 해 준 것에 대해 무척 고마움을 느꼈다. 지연이는 신세대 감각이라며 으스대긴 했지만, 덕분에 눈부시게 하얀 웨딩드레스를 입은 미랑이모의 모습이 세상에서 제일 곱고 예쁜 신부였던 만큼은 확실했다.

턱시도 차림의 동구는 어색해하며 인사 반, 놀림 반에 쩔쩔매는 듯 했었지만 입가에는 연신 웃음이 떠나질 않았다. 청첩장도 돌리지 않은 채, 얼마 되지 않은 하객들이었지만 그들이 주는 진심어린 축하와 격려 속에 마냥 행복해하는 미랑 이모의 모습에 오노는 마음이 한결 가뿐해짐을 느꼈었던 것은 왜였을까?

그날 밤, 지연은 오노에게 말했었다. 휘영청 둥근달이 유난히도 밝은 밤이었다.

"기다리게 하지 마."

차가운 밤공기에 실려 점점 뚜렷해지던 귀뚜리 울음소리도 더 이상은 처량스럽게 느껴지지 않던 가슴 설레던 밤이었다.

오노는 이미 정리되어 있는 방안을 둘러보며 "안녕" 하며 중얼거렸다. 커다란 배낭을 짊어지고 공항으로 향하는 발길은 가볍기만 했다.

여러모로 보살펴 주던 토비에게 은덕암으로 돌아갈 뜻을 비쳤을 때 토비는 무척 아쉬워했었지만, 곧 잘 생각했다고 등을 두드려 주었었다.

"꿈이란 말이지, 아주 대단한 거야. 사람을 움직이게 하거든. 사는 동안 여러 번 변하기도 하지만 대부분의 사람들은 꿈을 갖기 위해서 많은 노력을 하지."

"토비는 꿈을 이루셨나요?"

"글쎄, 그게 말이지. 가진 것 같은데 끝이 없는 게 또 꿈인 것 같기도…… 하하. 오노. 예나 지금이나 조금 심각하게 사는 것은 알지?"

"아, 제가 그랬나요."

오노는 하늘 속의 구름 위를 날고 있다. 하늘 속의 하늘은 신비한 바다와 같기도 했다. 푹신한 솜덩이 같은 구름은 온몸을 포근하게 감싸줄 것 같기도 했지만, 어느 샌가 구름은 조각조각 흩어져 은덕암이 있는 곳으로 흘러갔다.

나무꾼과 선녀가 숨어 살았을 것만 같았던 맑은 샘이 흐르는 작은 절. 오노가 태어나면서 지금까지 이야기를 모두 간직하고 있는 그곳에 하얀 칠이 말끔한 작은 집이 두어 채 늘어났다.

많은 사람들은 아니지만 이곳에 사는 사람들은 요양원이라거나 병을 치료 하는 곳이라고 전혀, 생각하지 않았다. 한결같이 나의 집, 나의 가족이라는 생각에 모든 것을 가꾸고 자연의 혜택을 아낌없이 받아들이며 고마운 마음으로 살기를 원했다. 그것은 은덕 스님의 뜻이기도 했다.

오지 않겠다고 강경하게 고집을 부리던 경오 스님을 강제로 모셔왔던 일도, 창선의 엄마와 누나, 파킨슨병에 걸려 거동조차 힘들던 부인이 안쓰러워 틈만 나면 부처님 전에 매달리던 처사님 내외를 모시게 된 것을 은덕 스님은 부처님의 뜻이라고 생각했다. 은덕암 가족들은 - 오노를 모르는 새로운 가족조차도 - 신기하게도 오노를 기다렸다. 감꽃이 피면 감꽃을 주우며 샘가에 떠 있는 아주 오래된 작은 돛단배를 보살피며, 여전히 지킴이 노릇을 하고 있는 마음이와 도통이에게 말을 걸기도 하고 한 번도 본 적이 없는 오노에게 "작은 나의 집"을 보여 주고 자랑하고 싶어 하기도 했지만, 사실은 오노의 꽃피는 마술과 무지개다리를 더 보고 싶어 하기도 했다. 누군가를 기다린다는 것은 새로운 기대감이었을지도 모른다.

마리아 수녀는 은덕암에 들를 때마다 경오 스님의 해박한 철학에 시간 가는 줄 모르고 열띤 토론 속에 빠져 들었다. 그 모습들을 볼 때마다 은덕 스님은 웃었다.

연천 할머니는 합창단을 만들면 어떻겠느냐고, 은덕암 가족들을 볼 때마다 졸라댔다.

유난히 배가 불러 노산임을 걱정했던 것과 달리 미랑은 동구를 쏙 빼닮은 듯한 쌍둥이 아들을 낳는 바람에 강 노인의 며느리 사랑은 지극정성이었다. 동구는 은덕암의 모든 일들을 처리하며 좋은 약초 가꾸는 일에 열심이었다. 화순네는 여전히 하루해도 짧은 듯 동동거렸지만 툭 하면 웃는 일이 많아졌다. 은덕암 가족들은 알고 있었다. 행복이란 그다지 어려운 놈이 아니라는 것을, 행복이란 멀리서 오는 것도 아니며 부와 권력과는 아무런 관계가 없다는 것을.

아아. 돌계단, 은덕암으로 오르는 길목.

오노는 숨을 크게 들이마셨다.

하나, 두울, 셋……

입안에 싸–한 박하사탕이 산뜻하기만 하다.

언제든 돌아갈 수 있고 기다리고 반겨줄 사람들이 있다는 것은 행복한 일이다.

오노의 눈앞에 꽃비가 내렸다. 새가 울고 무지개가 섰다.

사랑하는 사람들.

사랑

사랑
보이질 않네.
미움
잡히질 않네.

기다림
오랜 시간이었어라.
인연
홀로 가는 물구름이었네.

언 땅 녹인 따뜻한 햇살
툭툭 부러지는
시간 속의 몸짓이었네.

소롯이 올라오는 새-순
내 마음 헤집고 들어 온 그대는

안개 속 봄바람이어라.

—(시) 동두천 안개3